信息助推，或适得其反

为什么知道的并非越多越好？

[美] 卡斯·R.桑斯坦 | Cass R. Sunstein◎著

杨帅华◎译　王文剑◎校

Too
Much Information
Understanding
What You Don't Want to Know

格致出版社　　上海人民出版社

各方佳评

卡斯这位在白宫工作多年、世界知名的行为科学家，为撰写这部重要著作做好了完美的准备。他关于政府何时应该、何时不应该要求公司披露信息的论述，以趣闻轶事为基础，辅以严谨的研究，是一本不可不读的好书。

——凯蒂·米尔科曼，宾夕法尼亚大学沃顿商学院教授

桑斯坦提供了大量通俗易懂又发人深省的例子，突出了居于信息披露政策核心的那些迷人的问题。这本书改变了我对自己在生活中应该寻求什么信息的看法。

——雅各布·戈尔丁，芝加哥大学法学教授

关于信息及其如何影响人们的选择，卡斯·桑斯坦提供了一个独特、极具价值的视角，并以一种高超的方式呈现出来。

——琳达·通斯特伦，怀俄明大学经济系助理教授

桑斯坦自始至终用清晰易懂的语言进行写作。这部持平公允、见识广博的书，揭示了政府决策中一个不为人知、但意义重大的方面。

——《出版人周刊》

这是一部通俗易懂的论著，讲述了为什么要确保信息披露能改善民众的福利。叙述清晰，贴近生活。

——《科克斯书评》

任何一个试着读过苹果公司的合同条款与条件的人，都明白这位哈佛大学法学教授在说什么，他权衡了信息披露的利弊，及其在法律和心理上的影响。

——《环球邮报》

桑斯坦的这本书是一个宝贵的资料库，指出了披露过多信息会带来的诸多负担。

——《理性》

桑斯坦的文字言之有物。这部作品行文流畅，内容丰富，并且简洁直接，非常好读。

——Medium.com

唉！他们何苦知晓自己的命运？

忧愁从不会姗姗来迟，

快乐总是稍纵即逝。

思虑使他们的天堂塌陷。

天堂不再；无知即福，

愚笨即是聪慧。

——托马斯·格雷，《伊顿远眺》

我无法忍受不知道故事的结局。即使是最琐碎的东西，只要一开始读，我便会出于一种狂热的贪婪，急于吞下结局的酸甜苦辣，完成我根本不必去碰的事情。你也跟我一样吗？或者你是一个更有鉴别力的读者？你会放弃那些无利可图的东西吗？

——A. S. 拜厄特，《占有》

引　言

　　本书的主要问题很简单：政府应该在什么时候要求公司、雇主、医院和其他机构披露信息？我给出的答案也很简单，也许显得有点过于简单了：当这些信息能显著改善人们的生活时，就应该披露。如果信息能够使人们做出更好的选择，例如，只要能使他们的健康、时间或财务状况变得更好，那么信息就应该被披露。如果信息让人们更快乐，它也可以改善人们的生活。不幸的是，有些信息并不能以任何方式改善人们的生活。它不会改善人们的决定，也不会让人们更快乐。有时，它是无用的。有时，它让人们很痛苦。有时，它会使人们的决定变得更糟。

　　我们需要了解信息对人类生活的影响，这似乎是显而易见的。但在公共政策领域，许多人的想法截然不同。他们强调"知情权"，坚持认为消费者和雇主有知情权，即使他们很少或根本不使用这些信息。另一些人则强调信息和个人自主权之间的关系，认为人们拥有信息比没有信息更自由，即使信息并不能改善他们的生活。我并不认可"知情权"这个概念。我认为，关注个人自主权远不如关注人类福祉以及信息对其的贡献有用。至少当政府官员在决定公司、雇主、医院和其他机构何时必须披露信息时是如此。

　　通过详细说明以上主张，我希望提供一个框架，来回答世界各地的政府官员目前所面临的各种问题，如流行病、癌症、吸烟、气候变化、贫困、贷款、工人权利、教育、性别平等、转基因生物和分心驾驶等。拟议的框架不仅旨在阐明强制信息披露在什么情况下是一个好主意，还旨在阐明强制信息披露应采取的形式。为了理解本书的主要问题和看似简单的答案，我们必须触及更基本的问题，比如人类想知道什么，他们想知道多少——而不管他们想知道还是不想知道，人类都可能犯严重的错误。

毁了爆米花

我对这些问题的兴趣是在奥巴马执政期间激发的，当时我有幸在白宫任职，负责联邦信息与监管事务。我的工作中有相当一部分涉及要求披露卡路里、营养、工作场所风险、高速公路安全、燃油经济性、温室气体排放、信用卡、抵押贷款等信息的法规。消费者金融保护局还有一个相关的口号：了解清楚再贷款。

我热衷于将披露作为一种监管策略。我认为这能让人们的生活更美好。

有一天，我给一个朋友发电子邮件，告诉她美国食品和药物管理局终于敲定了一项规定，我在这项规定上花了不少功夫。这项规定要求披露包括电影院在内的各类餐馆提供的食物的卡路里含量。我承认我当时很激动，甚至很兴奋，可能还有点骄傲。

我朋友的邮件回复是："你毁了爆米花。"当然，这些话令人泄气。但她说得着实有道理。在电影院，人们都想玩得开心，他们想享受爆米花。当灯光暗下来时，他们并不想知道自己是否变胖了。卡路里的标签，可能并不能提高他们在影院的体验。

正如我们将要看到的，实证研究表明，我的朋友是对的：许多人不想看到卡路里标签。事实上，他们甚至愿意付真金白银，只为了不去看这些卡路里标签。

这是否意味着卡路里标签是个坏主意？恐怕不是。它们的好处可能超过了坏处。有些人可能会因为看到它们而做出更好的选择，有些人甚至可能学着喜欢更健康的食物。这个问题反映出，品味和价值观在本质上是可以发生变化的，但这使得分析变得特别复杂。对有些人来说，如果一直吃沙拉，沙拉的味道就会更好。

但爆米花被毁掉的风险也很重要。它是通往更大更有趣的事物的线索。它表明，某些信息会让人感觉不好甚至非常糟糕。这一点可能不是决定性的。如果你得知自己患有脓毒性咽喉炎，你不会高兴，但是你可能会想办法来恢复健康。如果你发现自己在工作中表现不佳，你可能会想办法做得更好。但在某些情况下，无知确实是福，人们如果不知情会过得更好。

同样的道理，我在几十年前遭遇了一个更悲惨的教训。1976年，我花甲之年、强壮、运动能力很强的父亲，开始在网球场上跌跌撞撞。有好几次，他差点摔倒。我的妹夫罗杰，也是我父亲经常打网球的伙伴，对此深表忧虑。这几周后，我和母亲坚持要带父亲去医院做一系列检查。这是艰难而疲惫的一天。我父亲当时的眼神平淡而呆滞。

几个小时后，传来了好消息。在和医生们交谈之后，我母亲回到了病房，脸上带着灿烂的笑容。她对我父亲说："你躲过一劫！这只是普通的头痛。你绝对会没事的。他们还会再做几项检查，所以你得多待一会儿。但是医生确定这没什么。"我们三个此后在医院里吃了一顿庆祝餐。

一个小时后，母亲开车带我回家。在路上，她毫无表情地说："他会死于致命的脑瘤。大概十八个月后吧。医生们无能为力，什么也做不了。但是我们不会告诉他。"我们没有告诉父亲。整整一年，他都很乐观，尽管他的头痛越来越严重。在某个时刻，我父亲突然意识到他的处境很严峻。在他死前不久，他把这点跟我讲明了。他的话每个字都铭刻进了我的灵魂："你将失去你的父亲。"一年多前，我母亲也跟我说过同样的话。

我母亲隐瞒真相，是在保护自己吗？是的，绝对的，毫无疑问。她是在保护我父亲吗？是的，也绝对是的。她这样做对吗？几十年后，我仍不确定，但我倾向于认为是对的。她很了解我父亲，也很了解她自己。披露坏消息是否正确取决于人和具体情况。一刀切不适合所有人。我想我母亲知道怎么做最适合她和她丈夫。

这是另一个故事。我在网上购买电动剃须刀。我知道我喜欢哪个品牌，但当它们寄到时，往往包装复杂，带有各种各样的电线和塑料；把剃刀取出来可不是什么容易的事。我最近在亚马逊上注意到，可以买到一款"无挫折感包装"的剃须刀。我不知道这到底是什么意思，但我感觉听上去不错，所以我选择了这种包装。果不其然，包装处理起来容易多了。这真的是没有挫折感。

几周后，我查阅了无挫折感包装的信息。以下是简要的总结：

旨在减少浪费：合适的大小和不带亚马逊包装发货；

经过实验室测试的保护设计：经认证可最大限度地减少损坏；

可回收包装材料：100% 路边可回收；

容易打开：无吸塑包装，无捆扎带。

这里需要注意的是，无挫折包装在很大程度上是为了尽量减少对环境的危害。它减少了浪费，而且所有的材料都是可回收的。但它并不是这样营销的。消费者被告知一些简单的事情，那就是挫折感会被消除。亚马逊必须做出这样一个判断：告知消费者的最佳方式，多多少少与毁掉爆米花的操作正相反。亚马逊在试图激发积极的情绪。

通常，毁掉爆米花是对的。信息是必不可少的；拥有它会让我们的生活变得无比美好。即使消息很糟糕，这也是事实。但有时候，最好还是不知道为妙。本书的主要目标之一，是呼吁人们强烈关注接收信息的情绪影响，即信息是否会使人们的每一天、每星期、每月和每年变得更好或更糟。但我的另一个断言与这个请求有些矛盾：人们常常寻求信息并不是因为那会让他们快乐，而是因为他们相信了解这些信息会让生活更充实、更丰富。这只是一个普通的观察，但我们将看到，它有助于解开一些悖论。

计划

回想一下我的主要问题：政府应该在什么时候要求人们披露信息？这个问题涉及卖家应该告诉消费者什么，雇主应该告诉工人什么，教育机构应该告诉学生什么，公司应该告诉投资者什么，等等。要在这个问题上取得进展，就必须从更基本的问题开始。第1章概述为什么人们可能想要信息，为什么他们可能漠不关心，以及为什么他们可能不想知道。它还探讨了为什么人们可能会错误地想知道和错误地不想知道某些信息。至少可以说，人性在这方面是复杂的，我们知道的比我们应该知道的要少得多

（也比我们应该想要知道的少得多）。我的目标是提供一些方向性原则。

第 2 章到第 5 章主要讨论警告和强制性标签。在问及披露信息是否能增进人类福祉时，我主要关注两个问题。第一个问题是人们可以用这些信息做什么。通常他们什么也做不了。也许这些信息与他们所关心的无关。也许它太令人困惑和冗长了，所以人们会说："好吧，随便吧。"许多信息披露基本上是无用的——全是成本，没有收益。

第二个问题是信息给人的感觉。我特别强调的是，人们是寻求信息还是逃避信息，往往取决于他们认为这些信息会让他们快乐还是悲伤。我认为，总的来说，这是完全合理的。人们想要享受生活，明智的做法是避免那些会破坏这一目标的事情，包括信息。

但更重要的是，享受并不是唯一重要的事情。生活应该是美好的，而不仅仅是乐趣。如果你正在考虑购买的房子的坏消息让你难过（也许它在验房时表现不佳），那么不管怎样，听了这个消息你可能会过得更好。有时，信息使生活更美好、更有意义，即使它没有使生活更愉快。但我会重视接收信息的情绪影响，这并不是因为它总是最重要的考虑因素，而是因为它经常被（医生、市场营销人员、政府和法官）忽视。在其他条件相同的情况下，最好不要毁了爆米花。

因为有些人会用到其他人认为无用的信息，也因为有些人对那些不会给别人带来太多麻烦的信息反应非常消极，所以在信息寻求和信息回避中发现大量的异质性也就不足为奇了。有些人喜欢让别人痛苦的信息。我们还将看到，某些信息披露形式可能比其他形式更有用，而有些形式的信息披露尤其可能产生影响。
（"无挫折感"这个词就是一个线索。我喜欢它；毫无疑问，有些
人不喜欢，他们可能更喜欢"绿色包装"之类的宣传语。）但我
的目的不是提供一份操作指南，也不是审查标签和警告何时起作
用，何时不起作用。更广泛的目标是提供一个框架，通过该框架
组织和规范关于成功和失败的发现。

第 6 章从强制披露转向社交媒体平台所提出的一些相关问
题，这些社交媒体平台提供了大量的信息。这一章问的是，它
们是让人们生活得更好还是更糟。标准的经济指标被证明是不
够的。就其本身而言，这算不上什么大新闻。但原因是耐人寻味
的，这些指标的不足，有助于将我们的注意力转移到正确的问题
上，即社交媒体对人们生活的实际影响。正如我们将看到的，有
证据表明，一旦人们停止使用 Facebook，他们会更快乐，但即便
如此，他们还是不愿离开这个平台，除非收到一大笔钱，显然这
是因为 Facebook 给了他们真正想要的信息（即使这会让他们不
开心）。这里有一个很重要的观点，是关于人们如何寻求被广泛
获悉的信息，以便拥有更充实或更有意义的生活。有些我们想知
道的事情并不会让我们快乐；尽管如此，我们还是想知道。但我
也将探讨那些想继续使用社交媒体的人是否犯了错误。他们可能
被某种上瘾所控制。他们可能不知道社交媒体正在对他们的生活
产生有害的影响。

第 7 章换个角度探讨信息过多的问题。具体来说，它探讨了
恶性助推（sludge）问题：政府强加的行政负担，通常要求人们
提供信息（有时这个过程可以把人们逼疯）。简而言之，我问的
是政府想知道什么。政府官员要求人们交出信息。有时是出于好

的理由，有时是出于糟糕的理由，恶性助推会造成高昂的经济和心理代价，包括挫败感和羞辱感。它会伤害我们当中最弱势的群体。政府需要知道得更少，并且减少恶性助推。

在这本简短的书里，有很多"树木"，但让我们不要忽视"森林"。信息是一个强大的工具——在某些方面是所有工具中最强大的。在无数的情况下，政府提供信息或要求他人这样做是完全正确的。有了停车标志，有了香烟包装和处方药上的警告，有了GPS（全球定位系统）设备，有了账单到期或医生预约即将到来的提醒，我们会过得更好。但有时少即是多。未来所需要的，是更清楚地了解信息实际上起了什么作用或实现了什么。如果我们坚持不懈地关注这个问题，关注如何回答这个问题，我们就能让人们的生活更幸福、更自由、更长久、更美好。

致　谢

我感谢许多朋友和合作者对这本书的帮助。特别感谢 George
Loewenstein、Oren Bar-Gill、David Schkade、Russell Golman 和
Eric Posner，与他们的合作既有趣又精彩，都已经被写进了书里。
如果说我对书中主题的理解，因有机会与他们合作而得到了丰
富，这还仅仅是轻描淡写。（与诸君合作的机会再多些吧，拜托
了。）也要感谢 Tali Sharot 在信息搜寻和信息回避方面的多次讨
论和合作工作，本书从中受益匪浅。

已故的 Edna Ullmann-Margalit 在其著作《正常理性》（*Normal
Rationality*，2017）中发表了一篇精彩而简洁的文章《论不想
知道》（On Not Wanting to Know），引发了我对"想要知道"这
一主题的兴趣，并将继续激发我的兴趣。我感谢 Edna Ullmann-
Margalit 许多有价值的讨论。Richard Thaler 是一位出色、富有创
造力、可爱、有趣、偶尔也好斗的讨论者，我们关于助推和恶性
助推的合作一直是必不可少的。还要感谢我在芝加哥大学的长期
同事 Jon Elster。我们从前曾计划合作写一篇论文，探讨是否无知
是福。这篇文章我们从来没有写，但我从他那里学到了很多，而
且我还在继续从他那里学习，几乎每天如此。

非常感谢 Emily Taber，了不起的编辑和朋友，是她使这本
书在大大小小的方面都变得更好。（好吧，好吧：她从根本上改
变了方向。）Kathleen Caruso 把手稿变成了一本真正的书，她的

工作非常出色，非常细心。三位匿名审稿人提供了极大的帮助。
Andrew Heinrich、Ethan Lowens、Zach Manley 和 Cody Westphal
提供了一流的研究援助。哈佛大学法学院的"行为经济学与公共
政策项目"提供了必要的支持。我的经纪人 Sarah Chalfant 使这
本书成为可能。Samantha Power 让一切成为可能，如果她擅长毁
掉爆米花，那通常是为了最好的结果。

　　我在这里借鉴了以前的工作，尽管在所有情况下，都经过了
大幅修订。第 2 章借鉴了 Cass R. Sunstein, *Ruining Popcorn? The Welfare Effects of Information*, 58 J. Risk and Uncertainty 121
（2019）；第 3 章借鉴了 George Loewenstein, Cass R. Sunstein,
and Russell Golman, *Disclosure: Psychology Changes Everything*,
6 Annual Review of Economics 391（2014）；第 4 章借鉴了 Oren
Bar-Gill, David Schkade, and Cass R. Sunstein, *Drawing False
Inferences from Mandated Disclosures*, 3 Behavioural Public Policy
209（2019）；第 5 章（相当多地）借鉴了 Eric Posner and Cass R.
Sunstein, *Moral Commitments in Cost-Benefit Analysis*, 103 Virginia
Law Review 1809（2017）；第 6 章借鉴了 Cass R. Sunstein, *Valuing
Facebook*, Behavioural Public Policy（2019）；第 7 章借鉴了 Cass
R. Sunstein, *Sludge and Ordeals*, 68 Duke L. J. 1843（2019）。再
次特别感谢我的合著者 Loewenstein、Golman、Bar-Gill、Schkade
和 Posner，感谢他们允许我使用我们的合作作品，并允许我对作
品进行各种修订、删除和编辑。他们都不对我的修改和错误负
责。对更全面的讨论感兴趣的读者（这些讨论通常会处理本书未
探讨的问题），强烈建议你们去查阅最初发表的论文。

目　录

第 1 章　知识就是力量，但无知是福

假设你要搬到一个新的城市。你可能想知道生活在那里是什么感觉。如果你要买房子，你可能想知道屋顶是否需要修理，供暖系统是否可靠。如果你要买笔记本电脑、汽车或手机，你可能想知道产品的特性，包括价格、性能和耐用性。如果你想决定投票给谁，你可能想知道候选人的观点。

人们很自然地认为获取信息是有益的。但是什么时候信息才是好的呢？它到底有多好？

有大量的信息是人们没有兴趣接收的。这些信息对人们没有价值，使人头脑混乱，而且很无聊。此外，还有很多信息是人们不想接收的。此类信息是不愉快的、痛苦的。在某些情况下，人们并不想知道，也就是说，他们并没有特别的动机去找出真相。[1]他们不会采取积极的措施去了解。在另一些情况下，他们不想知道，从某种意义上说，他们有一种不去发现真相的特殊动机。他们会主动避免去了解。

你可能不太关心坐在餐馆隔壁桌子上的人的头发数量，或者用来制造汽车的精密金属，或者当地商店的咖啡豆是来自巴西、哥伦比亚、布达佩斯还是其他地方。你可能不想知道你是否会患阿尔茨海默病，你是否有癌症和心脏病的遗传易感性，你所

有的同事对你的真实看法，以及你可能死亡的年份。你可能不想知道饮用啤酒、咖啡、比萨饼和冰激凌产品带来的健康风险，这些产品能提供即时的快乐，但可能会对未来造成伤害。如果你满脑子都是这些风险，消费时可能会产生恐惧、内疚或羞耻感。无知也许是福。（就在今天早上，我称了体重，这样做对我的心情不好。）

"信息回避"这一普遍现象表明，人们往往宁愿不知道，实际上还会采取积极的措施来回避信息。[2] 但采取什么措施呢？代价是什么？我说过，最根本的问题是，接收信息是否会增加人们的幸福感。这个命题主张采用个案分析法，询问信息是否会对相关群体（即使只有一个人的群体）产生那样的影响。[3] 的确，我们必须谈谈幸福的含义。经济学家喜欢使用"支付意愿"这个概念，他们坚持认为，这是衡量人们在获得衣物、食品、体育用品、笔记本电脑、汽车或信息等物品时是得还是失的最佳标准。

关于支付意愿的标准，我有很多要说的，但大部分是负面的意见。重要的是人类的福祉，而不是支付意愿。一个明显的问题是，如果人们缺钱，他们就不愿意为此付出太多。但让我们把这一点和现在的支付意愿联系起来，把它看作是一种测试人们是否真的想要以及想要多少东西的方法。它的优势之一是，至少在原则上，它应该能够捕捉到人类关心的一切——对他们来说重要的一切。在某些情况下，人们愿意花很多钱来获取信息。在另一些情况下，人们完全不愿意为信息支付任何费用。在其他情况下，他们愿意为不接收信息而付费。[4]

正如我们将看到的，重要的是要询问人们的支付意愿是不是知情和理性的。至关重要的是，人们可能缺乏信息来决定他们愿意为信息支付多少钱。如果是这样，他们是否愿意支付，可能取决于是否缺乏关于这种信息重要性的信息。例如，人们的支付意愿也可能取决于贫困和不公，导致他们对能够极大改善他们生活的信息缺乏兴趣。那些不知道他们能从（比如说）如何省钱中获得多少收益的人，可能对获取这些信息没有兴趣。人们的支付意愿也可能取决于某种认知偏差，比如现时偏差（关注今天而不是明天）或可得性偏差（使一些风险而不是其他风险看起来更可能发生）。

支付意愿可能取决于避免痛苦或保持出其不意能力的理性愿望。当我们想要信息的时候就会需要它，而不是在之前，也不是之后。如果没有惊喜，惊喜派对就没那么有趣了；而悬疑小说也需要保持它的秘密。与此同时，人们可能会低估自己的适应能力。他们可能会回避潜在的、关于他们健康的令人沮丧的信息，即使这种沮丧可能是短期的（而且医疗救助可能很快就会到位）。

尽管如此，人们愿意为某些信息花很多钱，而不愿意为其他信息花钱，这一事实告诉了我们一些重要的事情。更有趣的是，人们有时愿意花钱来逃避信息。

想要知道的两个理由

当人们想知道某些信息的时候，通常是出于以下两个理由。[5]首先，信息可能会产生积极的感觉。信息可能会带来喜悦、欣喜、惊讶或宽慰。其次，信息可能具有工具价值。它可以让我们做我们想做的事，去我们想去的地方，选择我们想选择的，或者避免我们想避免的。

在行为科学中，区分人类大脑中的两类认知操作已成为标准。系统 1 是快速的、自动的、直观的，有时是情绪化的。系统 2 是缓慢的，有计算能力和深思熟虑的。[6] 系统 2 强调信息的使用。它会想：我能用这个做点什么吗？系统 1 被信息吸引或排斥。它会想：知道这些会让我开心还是难过？大多数人倾向于用系统 2 所提供的相关术语来看待信息，这是非常重要的。但在生活的大部分时间里，系统 1 主宰一切。当我们渴望了解，或对了解的前景感到厌恶时，这通常是因为系统 1 的操作。

无挫折感包装的理念主要吸引系统 1（尽管系统 2 也欢迎它）。对许多人来说，绿色包装的理念主要吸引系统 2（尽管系统 1 可能也会对其怀有热情）。当然，在这方面存在异质性。就系统 1 或系统 2 而言，有些人会非常关心包装是否无挫折感，而根本不关心包装是否环保；其他人可能有相反的偏好。唯一的问题是，人们对信息的直觉和情绪反应，以及对接收信息的预期，往往决定了他们会寻求还是逃避信息。

由此得出的结论是，即使信息没有用处，人们也可能想要它，因为他们预期这些信息能让自己感觉很棒。如果人们知道他们永远不会得癌症，或者他们天生聪明、长相不俗，那么不管他们的行为是否改变，他们都会很高兴。信息可以产生各种各样的积极情绪：喜悦、自豪、满意、满足、宽慰、感激。在许多情况下，说信息具有享乐价值是正确且重要的，也就是说，它提供了快乐。虽然我将使用"享乐"这个术语，但将相关感受描述为狭隘的享乐是不够的。这些感受可能很少或根本与快乐无关；它们涉及更广泛意义上的福利。这些感受可能会让人觉得生活是有意义的。我们可以用"情绪价值"这个词，来描述那种积极的感觉。

信息的工具价值体现在"知识就是力量"这一理念中。如果人们发现他们的老板认为他们表现不佳，他们可能会做得更好。如果人们知道未来几个月股市会上涨，他们将有机会投资和赚钱。如果老师发现学生不喜欢他们的课程，他们可以试着教得更好。如果人们知道他们有患糖尿病的风险，他们可能会采取措施降低这种风险。如果人们知道他们的汽车不节能，他们可能会买一辆新的更节能的汽车。通常，一旦人们知道了真相，他们的行为会有所不同，而且会做得更好。信息可以节省金钱，挽救生命。

这里需要注意的是，工具价值可能涉及一个人自身的幸福，也可能涉及其他人的幸福。消费者可能需要某些产品的信息，以便增加社会效益或减少社会危害。政府官员可能要求披露此类信息，不是因为消费者的要求，而是为了引起消费者的注意、良知和关注，从而影响社会规范和促进社会目标。考虑一下动物福利和气候变化这两个例子。

对于强制性标签而言，工具价值通常是首要的，而享乐价值往往也很重要。因为我主要关注的是这些标签，所以我将主要关注这两种价值。但它们肯定不是详尽无遗的。人们可能会认为，了解他们的国家、他们的星球和他们的宇宙是件好事，即使这些信息并不能让他们特别高兴，即使他们不能利用这些信息做任何事情。他们可能想了解其他国家的生活和世界宗教的历史，原因与他们能利用这些信息做什么无关，也与他们是否会对所学到的东西感到高兴无关。他们可能认为他们有道德义务知道某些事情。如果人们在他们的城市或国家受苦受难，或者如果世界上的某个地方发生了大规模暴行，他们也可能会想知道。

更广泛地说，人们可能会认为某些种类的知识能让生活变得更好、更充实或更丰富，即使这些知识缺乏工具价值或情绪价值。因为人们关于什么使人的生活美好或正确的看法，他们可能想知道一些关于他们朋友和家人的事情，即使这些事情不能让他们高兴，即使了解这些事情没什么用。他们可能想知道威廉·莎士比亚的生活、地球的起源、狗和狼的关系，或者印度的历史，即使他们不支持某个特定的答案，也不管他们是否能用到这些信息。

信息之暗面

有太多的信息根本不能使人们做任何事情。如果人们知道1920年出生在巴黎的每个人的身高，知道他们不会去的某个外国城市下周的天气，或者知道用他们不懂的语言唱的20首歌的歌词，他们也不太可能过上不同的生活。了解这些高度、天气或歌词，可能不会带来积极的感受。它们可能既无用又乏味。

有些信息会引起负面情绪。你想知道你配偶、儿子的死亡年份吗？还有一系列医学测试的结果吗？给你做衣服的人的工资是否合理？如果消息可能是坏的或悲伤的，人们可能会因为这个原因而想回避它。即使消息可能比较好，人们也可能不想在这些问题上冒险。他们可能更喜欢对此画上一个大大的问号，或者不去想这件事。信息会产生痛苦、沮丧、悲伤、愤怒或绝望。

这里有一个惊人的证据。有时人们真的不想知道商品的价格，他们会故意回避有关价格的信息。[7] 价格也会"毁掉爆

米花"，人们都知道这一点。更具体地说，琳达·通斯特罗姆
（Linda Thunstrom）和基安·琼斯·里滕（Chian Jones Ritten）发
现，有些人自己认为自己"挥霍无度"，也就是说，他们同意为
了自己的利益花费太多了。他们发现，挥霍者对自己最近购买的
物品的成本，往往判断不准确。他们还发现，挥霍无度者倾向
于同意这样的说法："当我从事一项令人愉快的活动时，我宁愿
不去想那项活动的成本。"他们的证据有力地表明，挥霍无度者
会采取措施减少对成本的关注。当然，完全忽视价格可能并不容
易。但消费者可以减少对价格的关注，这样价格就不会那么明显
地出现在他们的屏幕上，他们对价格的思考和了解也就更少了。
通斯特罗姆和里滕由此得出结论，故意忽视价格是使价格透明和
突出的法律和政策的正当理由。

有些信息具有消极的工具价值。[8] 假设你是一名律师，为被
控谋杀的当事人辩护。假设证据对你的当事人是否有罪或警方是
否侵犯了你当事人的宪法权利留下了重大疑问。如果你永远都不
知道你的委托人是不是杀人犯，你可能会做得更好。或者假设你
正在与一种严重的疾病作斗争。你成功和长寿的机会，可能取决
于你不能事先知道成功的概率。（正如《星球大战》中的勇敢的
飞行员汉·索洛喜欢说的那样，"永远不要告诉我胜算！"）或者，
假设你在一支由 9 名选手组成的网球队中，第一支赢下 5 场比赛
的球队就赢得了整场比赛。如果你知道你的 4 名队友已经遥遥领
先，你可能就不会那么努力了。那你还是不知道为好。或者假设
你不想在某些方面歧视别人，比如性别、宗教、年龄、种族。你
可能会担心，如果你收到一个求职者的人口统计信息，你可能会
有所歧视。那么为了避免这种风险，你可以试着不知道。

有些信息具有工具价值，但也会导致消极情绪。如果你知道自己肥胖或患有高血压，你可能会感到不安，但你可以采取一些措施（这会减少疾病带来的负面影响）。如果你知道你的老师认为你可以做得更好，你可能会受伤和生气，但你可以采取措施提升你的表现。如果你发现你的配偶对你不满意，你可能会不高兴，但也许你也可以努力去改善关系。

有些信息具有消极的工具价值，但也会引发积极的情绪。如果一个高中生得知她进入了她心仪的大学，那她在最后一个学期可能不会那么努力学习。如果一支橄榄球队得知它之所以能进入季后赛是因为它的主要竞争对手输了，它可能就不会那么努力去赢得下一场比赛了。人们有时可能想推迟得知好消息，只是因为那会对他们的表现产生负面影响。

关于一些基本的分类，请参见表1.1。对于不同的人，不同的信息会占据不同的单元格。对一些人来说是单元格（1）而对另一些人来说是单元格（7），对一些人来说是单元格（5）而对另一些人来说是单元格（4）。几年前，我做了一系列无休止的医学检查，而我的身体其实几乎可以肯定是没有问题的。这简直是一场噩梦。在第10轮检查时，好心的医生说："我觉得你很好。但是很多人晚上睡不着除非他们做了所有相关的检查。如果我是你，我就不会这么做，但这取决于你。"他认为，对我来说，这可能是单元格（3）的情况（没有工具价值，从检查中获得积极感受）。但他错了，我发现这是单元格（6）的情况（没有工具价值，来自另一次检查的负面情绪）。关键在于，信息的价值以及由此产生的感受都可以是积极的、消极的或中性的，而积极（或消极）的价值并不一定会引起积极（或消极）的感受。情绪和价值可以通过多种方式混合和匹配。

表 1.1　信息的价值

	工具价值		
	积极的	消极的	中性的
感受			
积极的	(1)	(2)	(3)
消极的	(4)	(5)	(6)
中性的	(7)	(8)	(9)

打赌

　　上面这些，都是关于获取信息的效果的观点。但当人们说他们想知道或不想知道时，他们不会预先知道他们将会得知什么。他们是在打赌。问题往往是是否知道，而不是知道什么。

　　人们可能会问一些用"是"或"否"来回答的问题。"是"可能会产生积极的影响，而"否"可能会产生痛苦（"她爱我吗？哪怕只是一点点？"）。或者人们可能会问一些有 10 个、20 个或 100 个可能的答案的问题（"我那次考试的分数是多少？"或者"十年后我能挣多少钱？"）。其中一些答案会产生人们可以实际使用的信息，而另一些答案则不会。因此，当人们在考虑他们是否想知道的时候，他们需要知道预期的结果和它们发生的概率。他们最感兴趣的是，他们所获悉的东西是否会产生积极的感受或是否有用。如果概率很高（比如 90%），他们可能会比概率很低（比如 10%）时更想知道。如果人们有信心自己永远不会得癌症，但并不十分确定，他们可能会对得到这一信息感兴趣，仅仅是因为这一概率似乎对他们有利。如果一个坏结果非常坏，或者一个好结果非常好，那么他们的判断就会受到影响，这对工具价值和享乐价值来说都是如此。理性的选择者在决定是获取还是回避信息时，会试图估计一些数字。

在理想的情况下，是否要知道的决定，将取决于对一切重要事物的理性评估：人们会弄清楚他们所关心的事情（内心的平静、长寿、金钱、与他人的友好关系），他们获取信息的决定将反映出这种评估。[9] 但是不公正或不公正的背景条件会影响人们获取何种信息的决定。[10] 在贫穷、匮乏或遭受歧视的情况下，人们可能对获取重要信息没有兴趣。即使他们确实有兴趣，他们也可能没有能力获取这些信息。在最糟糕的情况下，人们的偏好与他们所遭受的不公正相适应，或是其产物。如果是这样的话，他们可能就不会去寻找非常重要的信息了。

行为科学家还表明，我们的决定并不总是完全理性的。人们会使用启发式或思维捷径，这可能会把他们引向不幸的方向，他们也会有各种偏差。当人们决定是否获取信息时，启发式和偏差也很重要。特别重要的是现时偏差，这意味着人们往往只关注今天和明天，而忽视长期。[11] 假设问题是：是否要寻找那些你今天可能会遭受痛苦，但从长期来看可能会有很大价值的信息？你应该去寻找那些信息，但你可能不会。短期的困境可能是决定性的。你可能不想知道。（你可能不会称体重。你可能会跳过每年一次的医生预约——这可能特别愚蠢，因为你拖得越久，你可能就越害怕。）

一些最具启发性的关于信息寻找的研究强调"策略性的自我忽视"，这理解为"以无知为借口过度沉溺于可能对未来的自我有害的愉悦活动"。[12] 这里的观点是，如果人们有现时偏差，他们可能会避免那些会使当前活动不那么吸引人的信息——也许是因为它会产生罪恶感或羞耻感，也许是因为它会提出一种综合性的权衡，建议人们不要从事这类活动。圣奥古斯丁有句名言："上帝啊，明天请让我贞洁。"有现时偏差的行为人会想："请明天让我知道风险。"每当人们考虑从事一项有短期利益但有长期成本的活动时，他们可能更倾向于推迟接收重要信息。[13] 同样的道理也适用于那些让人伤心或生气的信息，人们往往会说："请明天再告诉我我需要知道什么。"

行为科学家也强调损失厌恶，这意味着人们特别讨厌损失。事实上，他们对损失的厌恶程度远远超过对同等收益的厌恶程度。[14] 如果人们厌恶损失，如果他们认为消息很可能是坏消息，他们可能特别不愿意获得信息。例如，如果消息涉及潜在的癌症诊断，他们可能会想："我现在感觉很好。我认为我以后也会很好。如果我去检查，我可能会得到坏消息。我为什么要去检查？"应该清楚的是，当前的偏差和损失厌恶可能是一个强有力的组合，产生高水平的信息回避。当人们错误地回避或不寻求信息时，往往是由于这种强有力的组合。

这里有一个重要的发现，当人们听到坏消息时，比如说，出现健康问题的风险高于预期，他们最初的痛苦程度很高，但他们很快就会恢复过来。[15] 如果人们预料到的是痛苦，而不是恢复健康，他们就会回避那些可能挽救他们生命的信息，而这些信息随着时间的推移可能不会对他们的感受产生严重的负面影响。关于人们对预测性基因检测的反应，有人对 15 项相关研究进行了广泛的回顾，也得出了类似的结论：人们对预测性基因检测根本不会感到明显的痛苦，如果这份回顾真的发现了什么的话。[16]

这些研究关注对各种疾病的检测：遗传性乳腺癌和卵巢癌、亨廷顿病、家族性腺瘤息肉病和脊髓小脑共济失调。几乎所有研究都涉及成人（只有一项研究涉及儿童）。一般的模式是，在检测后的 12 个月里，携带者和非携带者都不太可能表现出更大的痛苦（理解为一般性和情境性的痛苦、焦虑和抑郁）。只有两项研究的检测结果，能够预测检测结果出来一个月之后的痛苦。作者们的结论是，"那些接受预测性基因检测的人，不会经历不良的心理后果"，同时还指出，这些研究涉及"同意参与心理研究的自我选择的人群"。[17]

即使有了这个重要的限定条件，我还是推测，许多普通人或者尚未进行基因检测的人，都会对这些发现感到惊讶——这支持了一个假设，即人们会夸大他们对不受欢迎的预测性检测结果的可能反应。除了现时偏差和损失厌恶，不准确的预测也可能是"聚焦错觉"的产物。[18] 人们往往高估某件事对他们整体幸福感的影响，仅仅是因为他们太关注这件事了。正如戴维·施卡德（David Schkade）和丹尼尔·卡尼曼（Daniel Kahneman）所说，"你所关注的任何事情，都不会像你想象的那样产生如此大的影响。"[19] 一个寒冷的雨天，一辆闪亮的新车，一次加薪，甚至一场重病，都可能被预期会产生重大影响，尽管它很快就会成为背景的一部分，就像生活中的家具一样。出于这个原因，人们可能会夸大坏消息的福利效应——并选择不去冒险得到它。

同时，获取信息的欲望也会受到乐观偏差的影响。如果人们认为他们可能会收到好消息，他们更有可能想知道是"是"还是"否"的答案。事实上，大多数人的确表现出不切实际的乐观主义，至少他们会认为自己的个人前景（关于健康、安全以及其他方面）比平均水平要好，而且确实比统计事实所预测的要好。[20]
不切实际的乐观主义可以抵消厌恶损失的情绪，使人们获得可能
非常有用的信息。

在评估概率时，人们使用可得性启发式，这意味着他们会
问，自己是否能想起相关的例子。洪水、飞机失事、交通堵
塞、恐怖袭击或核电站灾难发生的可能性有多大？由于缺乏统
计学知识，人们总是会想到例证。因此，"一个其实例容易被检
索的类，比起一个频次相同、但实例不易检索的类，前者看起
来数量更多"。[21] 如果人们知道了别人收到坏消息的案例，他
们的概率判断就会相应地被夸大。一组好消息也会产生相应的
效果。

我们现在应该可以看到，在任何人群中，都可能存在很大的
异质性。首先，有些人可以从获取 X 信息中获得大量工具性信
息，而另一些人只能获得一点点，还有一些人则一无所获。其
次，如果真的有坏消息，有些人会深感不安，而另一些人会略感
不安，还有一些人则会泰然处之。有许多人不善于调整情绪，也
有许多人擅长于此。有些人变得歇斯底里；另一些人则变得务
实。理性主体在决定是否寻求信息时，会权衡工具价值和情绪价
值，而不同的理性主体，考虑到他们的处境和敏感性，会做出不
同的理性选择。第三，异质性是非常复杂的，因为有些人比其他
人更倾向于现状，比其他人更厌恶损失，比其他人更乐观。第
四，可得性启发式将导致一些人预测好消息，而另一些人预测坏
消息。对于不同的人，不同的结果和事件在认知上具有不同的可
得性。

回到剥夺、不平等和不公正的问题上来。有些人很容易从信

息中获益。其他人则不然。背景信息通常是理解信息所必需的，而有些群体则缺乏这些信息。在考虑强制信息披露时，经常需要面对分配公正的问题：谁得到了帮助，谁没有得到帮助？

基于这些考虑，难怪有些人想做大量的医学检查，而另一些人根本不想做任何检查。一些消费者对能源效率和燃油经济性非常感兴趣，而另一些消费者则对此漠不关心或持否定态度，这不足为奇。有些人关心卡路里标签并从中受益，而另一些人（包括没多少钱或没受过多少教育的人）可能既不关心也不从中受益，甚至可能认为，"卡路里越多越好"，这也不足为奇。当然，人们有不同的道德信念，所以有些人会想要有关（比如）动物福利的信息，而其他人则没有兴趣。

线索

我利用亚马逊的 Mechanical Turk 众包平台，对这些问题进行了一系列研究。我询问了大约 400 名美国人，问他们是否需要各种各样的信息，以及他们愿意为这些信息支付多少钱。我假设我能找到明确的证据支持四个简单的命题：（1）如果信息有用或能产生积极影响，人们就会想要信息；（2）人们愿意为信息付费取决于（a）信息有多有用或（b）信息能让他们有多高兴；（3）当信息没有用处或者会让人悲伤时，他们想要的可能性就会大大降低；（4）人们的回答会有很大的异质性。

我相信所有这些主张都是正确的。我希望获得这样的证据，因为越来越多的研究倾向于支持命题 1、命题 2 和命题 3。例如：

1. 与股市下跌期间相比，人们更有可能在股市上涨期间检查自己的投资组合，并了解自己是在赚钱还是亏损，这是"鸵鸟效应"的明显表现。[22] 当接受信息的享乐价值可能为负时，人们更有可能不去寻求信息。

2. 人们希望看到与自己观点一致的政治观点，部分原因是他们相信看到相反的观点会让他们感到悲伤或疯狂。[23] 在这里，人们再次预期信息会产生负面情绪，所以他们不太可能想要接受它。有趣的是，人们在这方面会犯错误：他们高估了看到相反的观点会让他感觉糟糕的程度。在这方面，人们会犯"情绪预测错误"，他们无法准确预测信息会给他们带来什么样的感受。这一结论有很大的启示，特别是对于与健康相关的信息而言。

3. 如果人们不存在自我控制的问题，人们更有可能喜欢卡路里标签，也更愿意为它们付费，因此有可能从这些标签中获益。[24] 这样的人不会被卡路里标签所困扰；他们中的许多人甚至喜欢看到它们。他们也相信他们可以使用它们。相比之下，有自我控制问题的人更愿意花钱不去看卡路里标签。显然，他们认为这样的标签对他们没有帮助，只会让他感到悲伤或不安。[25]（事实上，它们往往会对有自我控制问题的人产生这种影响。）结论是，让卡路里信息显著可见，"会积极地影响消费者福利，尽管消费者的异质性很大——消费者价值从正面到负面不等"。[26] 此外，自我控制水平较高的人更有可能从热量信息中获益；与自我控制能力较强的消费者相比，那些"自控能力较低的消费者，他们既经历了（更高）的情绪成本，也没有（或者充其量也很少）从消费调整中受益"。[27]

4. 绝大多数人说，他们不想知道伴侣的死亡时间或死因。[28] 他们也不想知道自己什么时候会死，也不想知道自己的死因。

5. 就他们自己在一项任务中的表现而言，如果人们认为消息是好的，也就是说，如果他们知道自己表现良好，他们更可能想要信息，也更愿意为信息付费。[29] 如果他们认为自己表现不佳，他们想要信息的可能性明显降低，并且更有可能愿意为不接受信息而付钱。相关研究不仅对行为进行了研究，而且还对大脑区域进行了研究。研究发现，大脑中那些与积极情绪相关的区域会被好消息激活，这有力地表明，情感反应有助于解释人们是否寻求信息的决定。

在这些特殊情况下，享乐价值似乎是决定人们是否想知道的主要因素。当你的投资组合的价值在增长时，并不会比它的价值在缩水时更有理由检查它，尽管后者的乐趣要少得多。但工具价值无疑也很重要。关于卡路里标签，有理由认为人们的判断主要是针对以下问题的回答：我会从这些信息中受益吗？具有高度自控能力的人更可能回答"是"，因此他们更有可能为信息付费。同样地，如果人们认为他们可以采取措施消除伴侣死亡的原因，那么他们无疑会更想知道伴侣死亡的原因。

这里实际上有两个不同的问题。第一个问题是：我能从中受益吗？第二个问题是：如果我不喜欢结果，我能改变它吗？这两个问题密切相关，但第二个问题突出了人们的能动性意识。控制能力本身就能产生积极的感觉。它可以在（比如）健康或经济方面产生效益，但它具有独立的价值。

我们可以很容易地设计出工具价值在这两个问题上都占主导地位的案例。例如，我们可能会问人们，他们是否想知道明年每天的天气如何，他们的老板最喜欢员工的哪些方面，或者下个月股市是上涨还是下跌。

我自己的证据证明了享乐价值和工具价值的重要性。绝大多数（约60%）的受访者表示，他们想知道使用家用电器的年度成本。我们可以推测，大多数人想知道这些信息是为了省钱。59%的受访者还表示，如果手机无法连网，他们想知道如何修理。这是很有用的信息。大约58%的人想知道他们有强烈浪漫感觉的人是否也有同样的感觉。在所有这些情况下，尤其是在第三种情况下，相关信息非常有用。

当然，还需要解释的是，为什么在这三种情况下，也有大量的少数群体对看似有用的信息不感兴趣。最可信的答案指向了"看似"这个词——同时也强调了情绪的重要性。在这些情况下，应该预料到异质性的存在。毫无疑问，许多人认为，了解家用电器的年度成本是相当枯燥的事情，对他们没有多大好处。还有很多人已经掌握了这些信息，或者认为他们掌握了，因此不会为此付费。还有许多人认为，手机通常可以连接到互联网，这是很合理的；如果他们的手机不能连接到互联网，那么问题很有可能会自行解决。许多人担心，他们对其有浪漫感觉的人可能并不拥有同样的感觉，这意味着他们会得到坏消息。而其他许多人认为好消息也可能有点危险。（顺便说一下，我问了大约40个20多岁的人同样的问题，除了一人以外，其他人都想知道！）

此外，我也问了几个涉及严重健康状况的问题。在这些问题上，参与者几乎平均分配。例如，大多数人（53%）说他们不想知道自己是否会患老年痴呆症。一半的人说，他们想知道自己是否有患糖尿病的严重风险。更多的人（58%）说他们想知道自己是否有患癌症或心脏病的遗传倾向。[30] 赞成无知的人占很大比例，这无疑在很大程度上是因为坏消息会诱发负面情绪。但是，尽管这些问题的答案可能令人担忧，但许多人显然认为凡事预则立，早做准备总是好事。也许他们可以采取一些措施来降低患糖尿病、癌症或心脏病的风险。如果他们知道自己会得阿尔茨海默病，也许他们可以稍微改变一下自己的生活方式，或者大大改变一下自己的生活方式。

我还问了关于各种信息的问题。大约 57% 的人想知道他们的伴侣或配偶是否有过出轨。只有 42% 的人想知道他们的朋友和家人对他们的真实看法！大约 42% 的人想知道 2100 年地球会变暖多少。只有 27% 的人说他们想知道自己可能的死亡年份。令人惊讶的是，只有 54% 的人想知道未来某个特定日期的股市走势。（显然，人们并没有这样想：如果我收到这些信息，我基本上可以赚到我想要的所有钱。）

引人注目的是，71% 的人想知道其他星球上是否有生命存在。也许令人惊讶的是，只有勉强多数（53%）的人想知道天堂是否真的存在。那些不想知道的人可能分属于多个类别：（1）那些确信天堂确实存在的人，所以这些信息毫无价值；（2）那些确信天堂不存在的人，因此这些信息毫无价值；（3）那些认为自己进不了天堂的人，知道天堂的存在只会使他们难过或心烦；或者（4）那些认为最好有一定程度的不确定性的人。少数人（44%）

想知道地狱是否存在，这可能证明了一个事实，即如果地狱存在，很多人认为他们将陷入大麻烦。

在有关消费选择的信息方面，只有43%的人表示，他们希望在餐厅看到卡路里标签。他们愿意为这些信息付费的意愿并不高：年支付意愿的中位数仅为15美元，平均值仅为48.61美元。在使用家用电器的年度费用方面，支付意愿具有可比性：中位数为15美元，平均值为43.71美元。这些发现特别有意义，如果我们考虑到有证据表明，绝大多数的美国人赞成由联邦政府强制要求餐馆公布其供应的食品所含的卡路里。[31]许多赞成联邦强制信息披露的人，显然认为他们自己不会从这些信息中受益，甚至可能因此而受到伤害。[32]他们希望政府要求披露那些他们不感兴趣的（或者他们根本不想知道的）信息。

这里有一个明显的悖论。为什么人们不愿意看到卡路里标签，却仍然相信联邦政府应该要求餐馆展示这些标签呢？有理由推测，人们相信其他人会从这一信息中受益。还有一种可能是，如果人们被问到公司是否应该做些什么，他们愿意回答"是的"，即使他们个人不会从中受益。

对于其他类型的信息，他们的支付意愿要高一些。对于2020年1月1日的股市走势，支付意愿的中位数为100美元，平均值为165.93美元。（回想一下，这是非常低的，因为你可以通过这些信息赚到很多钱。）那些想知道自己是否有癌症遗传易感性的人的支付意愿中位数是79美元，平均值是115美元。对于阿尔茨海默病，相应的数字是59美元和106.98美元；对于可能死亡的年份，分别为93美元和154.44美元；至于他们的伴侣或配偶是否有过出轨，则分别为74.50美元和120.67美元。就2100年

的全球气温而言，这一数字明显更低：19 美元和 59.37 美元。表
1.2 展示了主要结果。

表 1.2　潜在重要信息的披露

所提供信息	年度支付意愿		
	想要信息的人所占比例	中位数（美元）	平均值（美元）
参与者是否会患阿尔茨海默病	47%	59	107
2020 年 1 月 1 日股市表现	54%	100	166
这一年剩余时间里每天的天气	55%	70	121
患癌症或心脏病的遗传易感性	58%	79	115
是否有患糖尿病的严重危险	50%	52	116
参与者的伴侣或配偶是否有过出轨	57%	75	130
天堂是否存在	53%	200	221
地狱是否存在	44%	148	210
是否曾经得过癌症	52%	26	101
非洲各国首都	20%	18	122
下一届棒球世界大赛冠军	42%	105	187
如果手机无法连接到网络，如何修复	59%	11	61
其他行星上是否有生命	71%	51	125
那些你们对其有强烈浪漫感觉的人是否对你也有同样的感觉	58%	67	114
联合国成员国的数目	30%	10	97
所有与信用卡有关的条款和条件，包括可能的滞纳金	56%	1	60
你配偶死亡的年份	26%	167	198
你的朋友和家人对你的真实看法	42%	88	130
参与者家中电器的年度使用成本	60%	15	44
2100 年全球气温	42%	19	59
可能的死亡年份	27%	93	154
餐厅的卡路里标签	43%	15	49

消费者想要被告知吗？

我进行了一项类似的研究，再次利用亚马逊 Mechanical Turk 平台和 400 名美国人，专门涉及可能有利于消费者的信息，以及监管机构关注的信息。所有这些信息看起来至少在某种程度上是有用的，尽管对一些人来说比另一些人更有用。收到其中一些信息，可能不是那么有趣的事。

这里也有很大的异质性，很多人对接收相关信息不感兴趣。只有 62% 的受访者想了解信用卡账单延期支付的标准费用。剩下的 38% 的人可能会按时支付账单，也可能不在乎滞纳金。只有 60% 的人想知道他们的食物中是否含有转基因生物。也许 40% 的人已经知道或者根本不在乎。

只有 64% 的受访者想知道他们手机套餐外的使用费用。大约 67% 的受访者想知道他们轮胎的安全等级。（这个数字是相对较高的，"安全"这个词可能是一个触发因素。）大约 65% 的人想要了解止痛药（如艾德维尔和泰诺）的潜在副作用。大约 55% 的人想知道他们购买的产品是否含有"冲突矿物"（定义为来自刚果民主共和国的、用于资助大规模暴行的矿物）。我们可以合理地推测，有些人真的关心道德问题，会在他们的消费选择中使用这些信息，而另一些人则不关心，也不使用。

在所有这些情况下，支付意愿的中位数都非常小：延期支付 8 美元（平均 103 美元）；转基因作物 24 美元（平均 101 美元）；套餐外使用费 10 美元（平均 95 美元）；安全评级 16 美元（平均 101 美元）；止痛药副作用 9 美元（平均 85 美元）；冲突矿物

26.50 美元（平均 109 美元）。表 1.3 给出了结果。

表 1.3　消费者信息披露

所提供信息	支付意愿		
	想要信息的 人所占比例	中位数 （美元）	平均值 （美元）
逾期缴付信用卡账单的标准费用	62%	8	103
食品是否含有转基因作物	60%	24	101
手机套餐外使用费用	64%	10	95
轮胎的安全等级	67%	16	101
止痛药的潜在副作用	65%	9	85
产品中是否含有冲突矿物	55%	26.50	109

可以肯定地得出结论，许多人不想接受一些信息，即使这些信息似乎与他们的选择有关，而且当他们确实想要这些信息时，他们也不会把它看得很重。他们中的许多人一定认为，这些信息不会影响他们的选择，或者认为收到这些信息会令人不快。

就公共政策而言，我们不应该把人们的回答当作权威。再说一次：这些回答可能反映了信息的缺乏、不公正的背景条件，或某种行为偏见。但根据这些发现，我们有理由进行个性化披露，只向那些真正想要信息的人提供信息（可能不准确地假设，那些想要信息的人和那些不想要信息的人没有受到相关信息问题、背景不公或某些行为偏差的影响）。不幸的是，个性化往往是不可行的。信息可能是一种公共品，因为如果一个人收到信息，其他人也会收到。考虑卡路里标签的情况，它被提供给每个人，并且不容易被个性化。但也有好消息。在未来，新技术将使个性化或有针对性的信息披露比以往任何时候都更加可行。

我将在适当的时候深入探讨这个问题。现在，让我们先不谈细节。当人们想要信息时，通常是因为拥有信息是有用的，或者因为拥有信息是愉快的，或者两者兼而有之。在既常见又困难的情况下，拥有信息是有用的，但拥有信息却令人不快。(这是人间常态。)在极少数情况下，拥有信息是愉快的，但拥有信息是有害的。在许多情况下，是寻求信息还是避免信息，取决于一种赌博。人们在玩高赌注的扑克。如果他们是乐观的，他们可能会寻求信息，即使这会让他们感觉很糟糕。如果他们厌恶损失，他们可能会回避信息，即使这些信息可以挽救他们的生命。所有这些都关系到公共政策的重大问题，这些问题将在未来几十年中成为最重要的问题之一。

注释

[1] 参见 Edna Ullmann-Margalit，*On Not Wanting to Know*，in Normal Rationality 80（Avishai Margalit & Cass R. Sunstein eds.，2017）。

[2] Russell Golman et al.，*Information Avoidance*，55 J. Econ. Literature 96（2017）；Ralph Hertwig & Christopher Engel，*Homo Ignorans：Deliberately Choosing Not to Know*，11 Persp. Psychol. Sci. 359（2016），https://doi.org/10.1177/1745691616635594。

[3] 参见 Ullmann-Margalit，前注［1］。

[4] 一些有价值的讨论让我受益匪浅，参见：Linda Thunstrom et al.，*Strategic Self-Ignorance*，52 J. Risk and Uncertainty 117（2016）；Jonas Nordstrom et al.，Strategic Self-Ignorance Negates the Effect of Risk Information，https://editorialexpress.com/cgi-bin/conference/download.cgi?db_name=EEAESEM2016&paper_id=1949；Golman et al.，前注［2］；Hertwig & Engel，前注［2］；Caroline J. Charpentier et al.，*Valuation of Knowledge and Ignorance in Mesolimbic Reward Circuitry*，115 PNAS E7255（2018）。

［5］参见 Tali Sharot & Cass R. Sunstein，*How People Decide What They Want to Know*，4 Nat. Hum. Behav. 14（2020）。

［6］参见 Daniel Kahneman，Thinking，*Fast and Slow*（2011）。

［7］参见 Linda Thunstrom & Chian Jones Ritten，*Endogenous Attention to Costs*，59 J. Risk and Uncertainty 1（2019）。

［8］参见 Chip Heath & Dan Heath，*The Curse of Knowledge*，Harv. Bus. Rev.（Dec. 2006），https://hbr.org/2006/12/the-curse-of-knowledge。

［9］相关的讨论，参见 Sharot & Sunstein，前注［5］。

［10］参见 Jon Elster，Sour Grapes（1983）。

［11］参见 Thunstrom et al.，前注［4］。

［12］同上。

［13］同上；亦见 Nordstrom et al.，前注［4］。

［14］参见 Daniel Kahneman et al.，*Experimental Tests of the Endowment Effect and the Coase Theorem*，98 J. Pol. Econ. 1325（1990）。

［15］参见 Jada Hamilton et al.，*Emotional Distress Following Genetic Testing for Hereditary Breast and Ovarian Cancer：A Meta-Analytic Review*，28 Health Psych. 510（2009）。

［16］参见 Marta Broadstreet et al.，*Psychological Consequences of Predictive Genetic Testing：A Systematic Review*，8 European Journal of Genetics 731（2000）。

［17］同上。在这方面有价值的是关于"情绪自我调节"的研究。参见 e.g.，Charles S. Carver & Michael F. Scheier，*Cybernetic Control Processes and the Self-Regulation of Behavior*，in Oxford Handbook on Motiva-tion 28（Richard Ryan ed.，2012）。

［18］参见 Cass R. Sunstein，*Illusory Losses*，37 J. Legal Stud. S157（2008）。

［19］参见 David Schkade and Daniel Kahneman，*Does Living in California Make People Happy? A Focusing Illusion in Judgments of Life Satisfaction*，9 Psych. Science 340，346（1996）。

［20］参见 Tali Sharot，The Optimism Bias（2012）。

［21］参见 Amos Tversky & Daniel Kahneman，*Judgment under Uncertainty：Heuristics and Biases*，in Judgment under Uncertainty：Heuristics and

Biases 3，11（Daniel Kahneman et al. eds.，1982）。

[22] 参见 Niklas Karlsson et al.，*The Ostrich Effect：Selective Attention to Information*，38 J. Risk and Uncertainty 95（2009），https://www.cmu.edu/dietrich/sds/docs/loewenstein/OstrichEffect.pdf。

[23] 参见 Charles Dorison et al.，*Selective Exposure Partly Relies on Faulty Affective Forecasts*，188 Cognition 98（2019）。

[24] 参见 Linda Thunstrom，*Welfare Effects of Nudges：The Emotional Tax of Calorie Menu Labeling*，14 Judgment and Decision Making 11（2019），http://journal.sjdm.org/18/18829/jdm18829.html。

[25] 同上。参见 Nordstrom et al.，前注［4］。

[26] 参见 Thunstrom，前注［24］。

[27] 同上。

[28] Gerd Gigerenzer & Rocio Garcia-Retamero，*Cassandra's Regret：The Psychology of Not Wanting to Know*，124 Psych. Rev. 179（2017），https://www.apa.org/pubs/journals/releases/rev-rev0000055.pdf。

[29] 参见 Charpentier et al.，前注［4］。

[30] 有关数据，参见：Yumi Iwamitsu et al.，*Anxiety，Emotional Suppression，and Psychological Distress before and after Breast Cancer Diagnosis*，46 Psychosomatics 19（2005）；Theresa Marteau & John Weinman，*Self-Regulation and the Behavioural Response to DNA Risk Information：A Theoretical Analysis and Framework for Future Research*，62 Soc. Sci. & Med. 1360（2006）；Jada Hamilton et al.，*Emotional Distress Following Genetic Testing for Hereditary Breast and Ovarian Cancer：A Meta-Analytic Review*，28 Health Psychol. 510（2009）。

[31] 参见 Cass R. Sunstein，The Ethics of Influence（2015）。

[32] 参见 Thunstrom et al.，前注［4］。

第2章 福利的衡量

信息披露会促进人类福祉吗？标签和警告是个好主意吗？如果是，什么时候提呢？

我们已经看得够多了，知道这些都是难以回答的抽象问题。幸运的是，美国政府在调查具体提案的过程中，在试图回答这些问题方面拥有丰富的经验。回想一些典型的例子：燃油经济性标签、卡路里标签、营养标签、能源效率标签、香烟的图形健康警告。由于了解了人们可能想知道或不想知道的原因，我将在这里重点讨论要求披露信息是否以及何时是一个好主意。健康和安全固然尤其重要，但也要考虑到"毁掉爆米花"的风险。

为了把握这个问题，我们应该谈谈为什么一个明智的政府可能会强制要求信息披露。我喜欢的答案很简单：因为它促进人类福祉。如果强制披露不能做到这一点，则不应执行。但正如我们所看到的，一些拥护强制披露的人并不这么看。他们坚持认为，他们的目标是确保人们的决定是知情的。如果这是我们的目标，那么我们可能就会批准强制信息披露，即使那根本不会真正改善人类福利。诚然，我们希望确保任何此类强制措施都是有效的。如果结果是用30页人们无法理解的、厚厚的书页压垮他们，那他们将不应该被告知。但是，只要信息披露确实告知了人们，一些政策制定者就会宣布胜利。但是为什么呢？如果一项强制披露措施不能让人们生活得更好，或者反而让他们生活得更糟，那还有什么意义呢？

一个可能的答案指向一个不同的主概念：自主权。一种观点认为，强制披露信息的全部目的，是确保人们能够自主做出选择。我们可以补充说，消费者、工人或患者应当受到尊重，而且确保选择者知情就是在尊重他们。哲学家和其他人关于在福利主义和义务论之间的选择展开了激烈的争论。福利主义从杰里米·边沁和约翰·斯图尔特·密尔开创的功利主义传统中发展而来，我们的讨论即运用了福利主义；而义务论侧重于由伊曼努尔·康德倡导和捍卫的自主性和尊重人的理念。[1]

2019 年，美国食品和药物管理局大胆地向推动自主性的方向发展，要求在香烟包装上印上新的警告和图示，以证明其拟议的规定是合理的。[2] 该机构并没有声称这些警告和图示会减少吸烟并挽救生命，而是表示，它们将促进"公众对吸烟有害健康有更深入的了解"。在该机构看来，除了对公众健康的影响之外，公众更深入的了解，是实施这一新监管的主要好处。目前尚不清楚该机构是认为更深入的了解本身是有价值的，还是认为它出于多种原因（与人类福利有关）而间接是有价值的，又或者是认为它最终会减少吸烟因而间接是有价值的。但该机构强调，更好的理解在本质上是有价值的。

这本书并不试图代表福利主义进行充分辩论。在大多数情况下，我只是假设，这是处理政府是否应该强制信息披露这一问题最有帮助的方法。我还将参考大量的例子，试图使这一论点可信。好消息是，在大多数情况下，福利主义和义务论的方法不会导致截然不同的方向，至少对我来说是这样的。即使一个人拒绝福利主义，信奉自主性，也很难得出结论认为强制披露信息通常是个好主意。一个核心问题是，人们需要什么样的信息才能实现自主。另一个同样重要的问题是，自主的行为人想知道什么以及是否想知道。如果信息不能改善他们的决策，如果信息会让他们痛苦，他们可能不想知道。如果我们想要尊重他们的自主权，我们就应该尊重这种偏好，至少作为一种假定。

让我们思考一种类比。理性的选择者往往选择不选择。这是他们行使自主权的一种方式。他们将选择权委托给其他人（医生、律师、工程师、投资顾问）。他们这样做可能是因为他们认为其他人的选择会更好。他们这样做可能是因为他们不喜欢选择。他们这样做可能是因为他们很忙，想要专注于其他事情。他们可能认为，如果他们把选择权下放，他们就会有更多的自由。在这种情况下，强迫他们做出选择，是对他们自主权的不尊重。信息也是如此：如果人们不想要它，强迫他们得到它，或者把它扔到他们的脸上，都谈不上尊重。信息的缺乏、背景的不公正或行为的偏差，可能会扭曲人们在寻求或回避信息方面的决定。唯一的问题是，如果我们关心人民的自主权，我们不清楚是否应该在他们不需要的情况下向他们提供信息。

如果我们从福利的概念开始讨论，我们应该注意到这个概念需要具体说明。从抽象的角度来说，它可能意味着许多事情。[3]现在，让我们只强调一点：分配问题非常重要。我们需要知道谁得到了帮助，谁受到了伤害。如果信息披露对受过教育和富有的人有帮助，但对没有受过教育和贫穷的人没有帮助，那么问题就严重了。如果富人使用信息而穷人不使用，政策制定者就需要考虑到这一点。他们可能想做些不同的事情。哲学家们为优先主义的观点进行了辩护，优先主义是一种福利主义，它特别重视最贫困人群的福利。[4] 在合理的监管体系中，优先主义在信息披露政策的设计中发挥着重要作用。

四个问题

在大多数国家，法律对那些最大的理论问题没有明确的立场。但是，几十年来，当美国联邦机构发布重要的法规时，它们被要求回答四个问题，这四个问题明确地以福利主义为导向，关注政策选择对人类的影响：[5]

1. 政府究竟应该在什么时候要求信息披露，或者换句话说，在什么情况下存在某种市场失灵？

2. 披露的成本和收益是什么？

3. 如何衡量这些成本和收益？

4. 根据成本收益分析或其他衡量标准，披露信息是否利大于弊？

从 1981 年罗纳德·里根总统开始，共和党和民主党总统都发布了行政命令，要求美国环境保护署（EPA）和美国交通部等机构在发布重要法规时回答以上这些问题，包括那些要求强制披露信息的政策。对许多人来说，这样的要求是神秘的。但其实并非如此。它们应该被理解为一种检验信息披露是否会促进人类福祉的方法。[6] 对成本和收益的分析，是回答这个问题的一种非常不完善但可管理的方法。例如，假设一项披露要求将产生 5 亿美元的成本，但带来 10 美元的收益。在这种情况下，我们有充分的理由认为这一要求不会促进人类福利。

我知道，这一说法会引起许多疑问。一项要求产生的货币成本超过货币收益，这一事实并不一定意味着它不能促进人类福利。一项要求所带来的货币利益超过货币成本，这一事实也并不一定意味着它将促进人类福利。再次强调：应考虑分配效应。关

(a)

WARNING:
Drinking beverages
with added sugar(s)
contributes to obesity,
diabetes, and tooth decay.

(b)

(c)

 WARNING：

CHOKING HAZARD--Small parts
Not for children under 3 yrs.

图 2.1　三个披露标签：(a)关于饮用含糖饮料影响的警告；
(b)防晒霜类型和防晒程度的指标；(c)窒息危险警告

注：图中文字的含义分别为：
(a) 警告：
喝含糖饮料会导致肥胖、糖尿病和蛀牙。
(b) 露得清
超纯
身体喷雾
防晒霜
广谱防晒指数 30
(c) 警告：
有窒息危险的小部件，不适合 3 岁以下儿童使用。

于成本效益分析和人类福利之间的关系，我将有很多话要说。但现在，让我们简单地强调这四个问题的目标：关注信息披露对人类的实际后果。（关于非人类的动物，我也有话要说。）

这些问题在很多情况下都会出现，包括卡路里标签、抵押贷款信息披露、能源效率标签、利益冲突信息披露、健康信息披露、燃油经济性标签、信用卡信息披露、转基因食品标签、营养成分表、原产国标签、不伤及海豚的捕鲔鱼技术标签、防晒霜标签、冲突矿物披露、香烟图示警告等等。其中一些标签旨在使消费者、工人、患者和其他人能够保护自己不受金钱或健康风险的影响。它们中的一些试图保护第三方或回应道德问题，例如，当标签提供与动物福利有关的信息时。它们中的一些对某类消费者（或利益集团）要求政府采取行动的要求做出了回应，而不管其中是否真的涉及风险。图 2.1 显示了强制性标签的三个典型例子。

追逐数字

评估强制披露信息的影响可能会令人生畏。第一个问题是，有时政府机构不知道人们将如何反应。如果人们被告知某些冰箱或微波炉是节能的，或者被明确告知使用家用电器的成本，他们的行为将如何改变？如果他们被告知大量有关抵押贷款成本的信息，他们会怎么做？如果他们没有收到这些信息，他们会怎么做？

第二个问题是，即使评级机构能够预测人们的反应，它们也可能发现很难将人们的反应转化为等价的货币。如果机构得知披露卡路里信息会导致人们摄入更少的热量，或者披露转基因生物的使用会导致不同的消费选择，那么收益究竟是什么呢？诚然，许多人会对货币等价物的整个想法持怀疑态度。真正重要的是福利，所以真正的问题是，对标签的反应实际上如何影响人们的生活。请记住，我们使用货币等价物，并不是因为它们告诉了我们需要知道的一切，而是因为它们是我们需要知道的东西的可用替代品———一种获取关于福利效应的重要信息的方法。

我们已经看到，如果目标是获得货币等价物，经济学家倾向于认为，理论上用私人的支付意愿来衡量是最好的方法。[7] 对许多人来说，这种说法并不是很直观，甚至可能看起来很荒谬。但我们也看到，在可识别的假设下，它应该涵盖人们可能从信息中获得和失去的一切。它应该考虑到这样一个事实：一些信息根本没有任何好处，因为人们不会关心、使用或理解它。它还应考虑到这样一个事实，即一些信息会带来福利收益，而另一些信息会带来福利损失，而且有些信息会同时带来福利收益和福利损失。挑战在于，要想得出支付意愿的数字，人们必须解决一个预测问题。他们必须弄清楚信息对他们福利的影响。然而，有两个原因可以解释为什么解决这个问题非常困难。

我已经在上文指出了第一个原因：人们往往缺乏能够让他们决定为（更多）信息支付多少费用的信息。正如肯尼思·阿罗（Kenneth Arrow）很久以前所说的那样："在确定信息需求方面存在一个基本的悖论：在购买者获得信息之前，他不知道它的价值，但之后他实际上是免费获得了它。"[8] 如果人们没有信息，他们可能不知道是否需要以及需要支付多少费用才能获得信息！这一点与分配公平性问题有关：有些人可能有足够的信息来获取信息，而另一些人可能没有。至少，这些观点为事前估计支付意愿提出了严重的问题。事后估计可能更好。在人们获得信息之后，他们可能会对信息的价值有更好的认识。

第二个原因是，即使不考虑这个问题，事前声明的支付意愿也可能无法反映信息的实际福利效应。在某些情况下，人们的偏好会随着时间的推移而改变。一旦被告知某些食物的健康风险，人们可能会（开始）产生不同的口味。他们可能会开始不那么喜欢布朗尼，而更喜欢沙拉。例如，在合理的假设下，盐和糖的标签可以导致口味的转变。一个原因是，我们的口味是我们信念的产物，也就是说，信息本身决定着口味。另一个原因是，即使我们保持信念不变，随着人们产生不同的欲望，他们可能会开始喜欢不同的东西。曾经好吃的东西可能开始变得难吃，反之亦然。如果是这样的话，事前支付意愿的数字将不能充分说明信息披露要求的福利影响。（我以前很讨厌厚蛋烧寿司。由于其他人都讨厌厚蛋烧寿司，而且它似乎是大多数寿司组合中的搭配，所以我决定试着喜欢它。最终我成功了。它相当不错。）

这里有一个更普遍的观点。信息披露是一种"助推"（nudge），被理解为一种保留选择的干预，引导人们朝着特定的方向前进。[9] 助推包括提醒、警告、自助餐厅或杂货店的布局、关于现有社会规范的声明，以及默认规则。在某些情况下，助推成功地将人类的行为推向了预期的方向，并产生了显著的效益。[10]在某些情况下，助推会失败。[11] 助推可能根本没有任何作用。它们甚至可能适得其反。信息助推的一些福利效应，无论是积极的还是消极的，应该都不难归类。如果人们戒烟，我们也许能够预测英年早逝的人会减少。如果人们购买更昂贵、更节能的冰箱，我们知道这些人会提前花更多的钱，但随着时间的推移会省钱，这将对环境有利。理想情况下，我们想要确定所有这些影响的大小。

然而，假设人们由于助推本身或助推所导致的行为而经历福利损失。例如，人们可能不喜欢提醒或警告；这两者似乎都不是很有趣。回想一下，许多人在得知自己面临风险时都会经历福利损失，即使总的来说，由于获得了这些信息，他们的境况会更好。要了解心脏病或癌症风险的福利效应，就必须考虑到与这一信息相关的潜在快乐损失。此外，助推所引起的行为改变，可能也会包括福利损失——比如，人们可能会开始锻炼，哪怕锻炼这件事并不令人愉快。

一个典型的例子是关于前列腺特异性抗原测试（PSA）的争论，该测试旨在帮助减少前列腺癌死亡。一些专家认为，早期发现可以通过增加对侵袭性癌症的早期治疗来挽救生命。另一些人则认为，早期发现会使男性遭受辐射、手术和其他治疗的各种不良影响，从而造成严重的伤害。假设事实上，前列腺特异性抗原测试确实能早期发现和治疗，但它并不能提高存活率，或者它只能提高有限的存活率，那么对很多男人来说，不知道可能是最好的。

在医学界，这已是共识。我想在这里补充的意思很简单：如果测试的坏结果产生了真正的焦虑和痛苦（这不是愉快的，可能会诱发健康问题），那么不知情的理由就会得到加强。的确，如果患者担心他们会对坏消息做出强烈反应，并因此而选择无知，那么他们可能是受到了现时偏差的影响。但也许他们是在做一个合理的、考虑周全的计算，这导致他们不想知道。[12] 对于医疗实践来说，有一点很重要，那就是我们需要一定程度的个性化。如果医生正在治疗的是那些即使是对轻微的坏消息也会感到焦虑的患者，那么不让他们知晓可能是最好的选择。如果患者有强烈的好奇心，并且能够轻松处理坏消息，那么进行检测的理由就更为有力。优秀的医生会考虑到个体差异而做出不同决定。

当然，信息或者说助推，可能产生收益而不是成本，这也是事实——同样，不是因为它们如何改变行为，而是因为它们带来了享乐的收益。那些强调成本的人可能弄错了正负符号。例如，人们可能喜欢学习本身；锻炼可能是愉快、有趣或有益的。回想第 1 章，大多数人其实喜欢看到卡路里标签。但我在这里主要强调的是损失，而不是收益。

关于讨论范围的说明：本章的重点是信息的福利效应，而不是特定披露形式的适当设计。众所周知，标签可能以一种非常有效的方式来构建，也可能不是。[13] 框架很重要。一个复杂而混乱的信息披露政策，可能会使消费者负担过重，因此只有很少或没有效果——有成本无收益。简单的披露可能会误导消费者，并因此可能产生负面的福利影响。这里的问题不是如何设计或规划信息披露，而是更广泛地评估其收益和成本。设计问题将在第 3 章中讨论。

信息真的有用吗？

没有人应该怀疑信息可以改善人们的决策。全球定位系统（GPS）设备可以帮助人们到达他们喜欢的目的地。交通灯使人们知道什么时候该停车，什么时候该走。在海滩上，写着"禁止游泳"的标志可以减少危险。如果一种非处方药上有抗过敏、镇痛或止咳的标签，人们就会知道这种药的作用。如果食物中含有过敏警告——花生、海产品——披露这一事实可能会有显著的益处。当城市和机场有明显的标志时，人们就能找到路。信息帮助人们驾驭生活，从这个意义上说，它增加了自由，甚至是必不可少的。

我们周围到处都是重要的信息，从这个角度来看，质疑信息可能是有益的这一命题，似乎是荒谬的，是一种毫无意义的逆向思维。尽管如此，许多研究人员一直在对强制披露政策提出强有力的反对意见。他们指出，政府要求进行各种各样的披露。在他们看来，人们丝毫没有注意到其中的许多信息披露，这意味着它们本质上是一种浪费——这是让政策制定者认为他们在改善健康或安全的一种方式，而实际上他们并没有达到这种效果。

在一种反对声音中，反对的核心是信息披露的复杂性、长度或不可理解性。[14] 如果披露的信息包含 75 页的技术术语，则可能没有任何用处。当人们申请抵押贷款时，他们会受到数量多到荒谬的信息的轰炸，而这些信息大部分都是无用的。当人们去看医生时，他们很可能会发现自己面临着难以理解的隐私泄露，而且这些信息无论如何也不会影响他们的行为。这是毫无意义的，是一种毫无意义的形式主义（或者一种保护自己不被起诉的方式）。

的确，复杂、冗长或晦涩难懂的披露可能毫无用处。这是一个关键点，它让人们对我们周围各种各样的信息披露产生了严重的怀疑。如果披露没有任何好处，就不应该强制要求披露。这一简单的观点表明，应该对披露要求展开实际评估，以查看它们是否有所成效，并着眼于改进或可能消除一些不合理的披露要求。

探讨一个小故事吧。多年来，美国一直依靠"食物金字塔"作为一个核心宣传标志来推广健康饮食。由农业部创建的"食物

谷物　　　蔬菜　　　水果　　　牛奶　　　肉和豆类

图 2.2　食物金字塔

金字塔"网站，是整个美国政府访问量最大的网站之一。一代又一代的孩子都在使用它。图 2.2 展示了其中一个版本的外观。

食物金字塔本来是用来传递信息的，但它长期以来被批评为毫无价值，没有提供任何信息。原因是它没有为人们提供任何一种明确的路径。一个没穿鞋的人似乎正在爬上金字塔的顶端。但是为什么呢？顶部的白色三角形是什么？金字塔由五条条纹组成（还是七条？）。它们意味着什么？在底部，你可以看到很多不同的食物。但这真是一团糟。一些食物似乎被分为了几类。有些谷物是蔬菜吗？牛奶是水果吗？肉是牛奶吗？

如果人们不知道该怎么做，他们就不太可能改变自己的行为。很多人对健康饮食感兴趣，但他们不知道应该采取哪些具体措施。食物金字塔并没有多大帮助。

2011 年，美国农业部广泛咨询了营养学和传播学背景的专家，以探讨哪种图标的教育效果更好。最后，该部门用一个更简单的新图标取代了金字塔，该图标由一个带有水果、蔬菜、谷物和蛋白质清晰标记的盘子组成（图 2.3）。

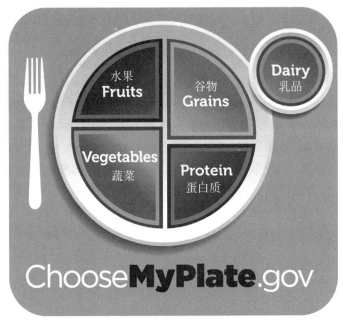

图 2.3　食物盘

该版本的设计给出了清晰、简单的指示——就像地图一样。与此同时，餐盘还附有直接的文字提示——可以在ChooseMyPlate.gov 上看到——告诉人们如何做出良好的营养选择。这些建议包括：

- 将你盘子里的水果和蔬菜减半；
- 饮用水，而不是含糖饮料；
- 改用无脂或低脂（1%）牛奶；
- 选择无盐的坚果和种子，以保持较低的钠摄入量。

如果目标是确保信息确实有帮助，那么"盘子，而不是金字塔"是一个很好的指导性口号。但必须承认的是，即使是现在，我们也没有太多关于食物盘是否被证明是有益的数据，这表明有可能从更根本的层面反对信息披露政策。根据这一反对意见，这些政策通常是无济于事的，因为即使它们是明确和简单的，人们也会忽视它们。对于那些拥护这种反对意见的人来说，强制性标签是一种干扰和浪费。如果我们想改变人们的行为，就必须采取更积极的干预措施。

这个反对意见正确吗？为了了解这一点，最好是进行随机对照试验：在试验中，一些人收到了信息，而另一些人没有，这样我们就能识别信息实际产生的差异。重要的是，这些试验已经被用来研究某些标签对消费者的影响，比如卡路里标签。[15] 我们还了解了此类标签对零售业的影响[16]以及图片警告对吸烟者的影响。[17]挑战在于，对于信息而言，随机对照试验很难进行，也不常见。[18]我们经常有"前后对比"的研究，但无法得出确切的结论。这些研究给我们提供了有用的线索，但它们并没有隔离信息或警告的影响。如果有很多人是在引入健康警示图示后戒烟的，那么我们可能并不知道，他们是否是因为引入了健康警示图示才戒烟的。

对警告或强制性标签的实际效果得出一个清晰的认识，是一项正在进行的工作。随机对照试验的优点是可以让我们明确相关的效果。在过去的几年中，一些这样的试验已经提供了重要的信息，告诉人们什么时候警告或披露信息确实有用。[19]但还有很多东西需要知道，今后将会而且应该进行更多的此类试验。

即使是现在，我们也知道，对强制性披露一刀切式的反对太过武断，有点像论战。[20] 成功的故事太多了。举几个例子：

1. 要求房屋销售者向买方提供经过认证的住宅能源效率审计，已成功地大大鼓励了买卖双方在能源效率技术方面的投资。[21]

2. 在美国进行的一项多店实地实验发现，当咖啡被贴上"公平贸易"标签时，销售额增长了近 10%。[22]

3. 根据一项估计，金枪鱼的"海豚安全"标签在减少美国海豚死亡方面发挥了作用，从 20 世纪 70 年代的每年 10 万例减少到 1992 年的每年不到 5 000 例。[23]

4. 研究发现，营养标签对大学生的饮食有着有益的影响，帮助他们做出了更健康的选择。[24]

5. 2006 年，美国食品和药物管理局要求在其营养事实标签上标明反式脂肪含量。美国疾病控制和预防中心发现，到 2009 年，血液中的反式脂肪酸水平显著降低，部分原因是标签要求的结果。[25]

6. 一项红、黄、绿交通灯计划将食品标记为红色、黄色和绿色，与健康效应相对应。该计划已被发现对消费者的选择具有有益的影响，从而产生显著健康的选择。[26]

7. 节能标签受到大多数消费者的青睐，他们愿意花更多的钱购买节能电器。[27]

8. 强制卡路里标签的效果是有争议的。[28] 在某些地方，它们似乎是有害的。有证据表明，在低收入社区，许多消费者认为他们有限的钱最好花在高热量的食物上，这意味着标签会增加肥胖。[29] 与此同时，有证据表明，总的来说，这样的标签会减少卡路里的摄入，至少在肥胖人群中是如此。[30] 有趣的是，一些证据表明，如果卡路里信息被放置在左边而不是右边，它们会产生更大的影响。[31] 显然是因为当人们先看到卡路里时，他们的决定比先看到食物时更有可能受到影响。

这些例子只是说明性的。其中一些是有争议的，其结论可能会受到挑战。唯一的要点是，关于强制性标签，我们所知道的普遍悲观是没有根据的。信息可以节省金钱和拯救生命。如果没有做到这一点或没有产生净收益，就不应该强制要求信息披露。

四种方法

我曾说过，美国机构在量化披露要求的成本和收益方面常常面临相当大的困难。我想在此提请注意的一个普遍问题是，这些机构量化程度往往远远低于可能的程度。事实上，它们采用了四种不同的方法，对那些进行监管影响分析的研究者提出了越来越严格的信息收集要求。要解释为什么各机构在特定情况下选择一种或另一种方法并不总是容易的。

第一种方法，有时也是最直接的方法，是承认缺乏知识，承认根据现有信息，有些成本和（特别是）收益根本无法量化。[32] 这种方法的问题在于，它表明继续进行下去的决定本质上是一种拍脑袋。当涉及很大的利害时，这似乎是不可接受的，对政策制定者来说当然是如此。这对公众也是一种伤害。监管机构是否应该在不尽一切努力公开披露可能带来的好处的情况下，向私营部门施加巨大的成本？可以肯定的是，量化可能并不可行。

第二种方法涉及盈亏平衡分析，通过这种分析，各机构描述了为证明成本的合理性而必须具备的利益, 并表明利益确实可能达到或不可能达到必要的程度。例如, 假设一项披露要求会造成每年 1 000 万美元的成本, 并且每年有 5 000 万消费者购买该产品。机构可能会问: 对于普通消费者来说, 这个标签每年值 20 美分吗? 这类问题可能有一个显而易见的答案。

原则上, 这种方法比简单地承认无知要好, 至少如果该机构能够证明收益有下限或上限的情况下是这样。在收益有下限或上限的情况下, 是否进行下去的决定可能会变得清晰。盈亏平衡分析有时是唯一可行的方法。但在困难的情况下, 它涉及高度的猜测, 而如果没有收益的下限或上限, 它似乎只是一个结论, 一种主观判断, 伪装成了一种分析工具而已。如果不合理地确定下限或上限, 这与承认无知并无太大不同。

第三种方法是试图根据终点 (如经济节约或健康收益) 来确定结果。这种方法的优势在于, 它实际上指向了具体的利益, 并试图衡量这些利益并将其货币化。但它也遇到了严重的困难。第一个问题是认知性的: 机构可能缺乏能够使他们具体说明好处是什么的信息。例如, 他们可能不知道消费者会因为燃油经济性标签而节省多少钱, 或者他们会从 "低于规定的 SPF 防晒系数的防晒霜不能降低皮肤癌风险" 的警告中获益多少。

第二个问题是, 即使对终点进行了精确的说明, 也无法全面反映实际收益; 在关键的方面, 它几乎肯定会夸大其辞。(正如我们将看到的, 也可能会低估。) 我们已经初步了解了原因: 人们可能会因为收到信息而经历重大损失。假设他们不喜欢接受该信息, 因为该信息会让他们感到悲伤或害怕, 或者他们会转向在某些方面较差的产品。对终点的描述将忽略这些损失。

第四种方法是确定消费者的支付意愿。我们已经看到，这种方法的优势之一是，它应该能同时考虑积极和消极的福利效应，并允许监管机构考虑到人们愿意花钱不接受信息的情况。如果人们不关心卡路里标签，他们不支付任何费用的意愿将是计算的一部分。如果他们从卡路里标签得益和受损，那么净数字将记录获得和损失的大小。如果他们不愿意接受信息，也会表现出消极的支付意愿。

与此同时，支付意愿也遇到了严重的、也许是无法克服的反对意见，其中一些反对意见与信息披露问题有关，另一些反对意见涉及一般的支付意愿标准的限制。回想一下，当人们提出他们的支付意愿时，他们试图解决一个预测问题。这个问题可能很难解决，特别是（但不仅仅是）当人们被问及是否想要接收信息时。一方面，人们往往低估自己的弹性，这可能意味着当信息确实对他们有帮助时，他们会回避信息，或者当信息真的对他们没有多大好处时，他们会寻求信息。"例如，即使在一般情况下，人们也往往高估一个糟糕的结果会让他们多么不开心，并低估自己振作起来的能力。"[33]

简而言之，我们在这里可能要处理决策效用（决策时预期的效用）和经验效用（实际经历的效用）之间可能存在的差距。[34] 最明显的解决办法是尝试提前向人们传达经验效用，以缩小差距。原则上，知情的人会知道他们的实际经历是什么，他们可以向选择的人描述他们的经历。然而，在实践中，给人们一个具体、生动的实际经验的感觉可能是不可行的，特别是当他们的偏好和品味可能会改变时。

出于这个原因，支付意愿的衡量标准往往是一个难以接受的、粗略地反映获得信息所产生的实际福利效应的指标。我的意思是，这一点引起了人们对信息付费意愿的关注，但它可以适用的范围更广——例如，对发病率风险的评估。如果我们将支付意愿视为解决预测问题的一种方式，我们可能会想，它是否可能是（比如）严重脑震荡、慢性支气管炎、耳鸣或非致命性心脏病发作的实际福利影响的一个足够准确的衡量标准。当然，可能无法获得更准确的衡量标准。

成本

在成本方面，有些问题相对简单。例如，监管机构完全可以了解（例如）生产燃油经济性标签并将其贴在新车上的总成本。标签的制作本身可能相对便宜，但要获得最终出现在标签上的信息可能代价高昂，尤其是在获取这些信息需要大量工作和监控的情况下。在转基因食品方面，美国农业部的结论是，第一年的标签成本可能高达 39 亿美元，此后每年的成本大约为 1 亿美元，从总体上看，这并不算大，但也不算小。[35]

当信息本身给消费者带来成本时，美国机构经常忽视的另一个困难就出现了。忽视这些成本是错误的，即使它们很难量化，即使消费者会净获益。这些成本有几种不同的形式。其中一些通常会很低，但也不总是如此。

少量的认知税

阅读和处理信息涉及成本。对于每个消费者来说，这一成本通常可能很低。但是，如果客户在进行某项交易之前被要求阅读几十页的文件，我们所说的就不再是快速浏览或几分钟的事了。对于大量的购买者来说，认知成本可能是巨大的。从某种意义上说，信息披露类似于文书工作的负担。的确，消费者通常不会被迫去阅读和处理披露的内容。但即使对那些试图忽视它的人来说，它的存在也可能是一种认知税。由于人们的心理带宽有限，这项税收可能不应该被忽视。（如果真有地狱，那里一定到处警告。）

如果标签很复杂，或者人们被各种标签淹没，问题就会变得特别严重。信息超载可能会给个人带来巨大的认知总成本，也可能会使得标签的效益很低。

毁了爆米花之一：对不改变的人征收的享乐税

更重要的是，成本可能是享乐性的，而不是认知性的。假设吸烟者被告知吸烟的有害影响，或者连锁餐馆的游客被告知食物的热量含量。这两个群体的许多成员都将遭受享乐损失。想想那些不能或不愿戒烟的吸烟者和那些不顾标签而选择高热量食品的消费者。从享乐的角度来看，如果这些人在购买时感到不开心甚至痛苦，那么他们将受损而不是得益。

很显然，监管机构是否应该将真实信息带来的负面享乐影响计算作成本，这是一个规范性问题。如果人们真实地得知自己患有糖尿病或癌症，这是一种成本还是一种收益？从福利的角度来看，这可能是一种净收益，如果他们至少能对这个问题做些什么的话。（如果他们不能或不愿这样做，至少在主观福利方面，这可能是一种净成本。）但这里也有成本，而且可能是巨大的成本，即使净效应是积极的。只要我们在一个福利主义的框架内运作，享乐的损失就必须被视为一种成本。这种损失可能会被证明是低的，但监管机构不应该像通常那样忽视它。

的确，我们可能会发现自己身处哲学的深渊。如果福利主义将收到真实的、与个人相关的信息视为一种成本，那么它可能会令人反感。如果人们得到了这些信息，从重要的意义上说，也许他们会更加自由，或是生活得更真实。但如果他们遭受痛苦，那也不应该被忽视。

许多人不愿意验血，即使医生建议他们去验，因为他们不喜欢结果不佳的风险。我们已经看到，没有参加检验可能是一种行为偏差的产物，如现时偏差或损失厌恶。但它也可能完全或者部分是出于对接收负面信息的理性厌恶。回想一下，很多人不想知道他们是否有患癌症或心脏病的遗传倾向；其中一个原因肯定是在接受信息时的享乐损失。有些标签属于同一类别，因为它们都给人们提供了他们不愿意听到的信息。（再次强调，即使总的来说，他们的境况在有标签时好过没有标签时，结论也成立）。

个性化解决方案？

我曾经说过，理想情况下，信息披露应该是个性化的。事实上，市场和生活允许大量的个性化信息披露。你可以经常或偶尔查看你的银行余额。你可以每天称体重，也可以永远不称。你可以买一个智能手环，看看你做了多少运动，睡了多少觉。也许你会喜欢它，因为它会帮助你改善健康；或者，你也可能会发现智能手环有点像噩梦。不管你想要一个智能手环还是鄙视这个想法，你都可能会因为缺乏信息或行为偏差而苦恼。但你也可能不会。

个性化信息披露之所以有很大的优势，正是因为它确保了那些从工具性信息、享乐性信息，或两者中获益的人能够真正获得信息。在市场中，信息披露通常是个性化的。如果你想，你可以了解到一些东西。但如果你不想，你也不需要了解。同样，政府也可以尝试有针对性的信息披露，理由是这样做会带来高得多的净收益。例如，它可能会向那些想要或需要高热量食物信息的人提供信息，而拒绝向那些既不感兴趣也不需要的人提供信息。原则上，个性化披露具有显著的优势。[36]

当然，对于某些政策来说，如果不向许多人或所有人提供信息，就不能轻易地向一个人提供信息。快餐店可能会被要求发布营养信息，而如果发布了，每个去那里的人都会得到这些信息。但应用程序可以很容易地通过允许人们在需要时获取信息来提高个性化程度。即使没有应用程序或类似的东西，官员们也可能向所有人提供一些简短、简单的信息（例如，燃油经济性），同时也向想要的人提供详细信息。这种方法也可以促进个性化。

对于个性化信息披露的捍卫者来说，第1章列出的考虑因素提供了强有力的支持，同时也提供了一些警示。对于后者而言：不想要信息的人可能会遭受信息缺失、信息剥夺或行为偏差，导致他们不想要可能会让他们受益的信息。可以肯定的是，导致他们不想要信息的因素，可能会导致他们不以任何方式使用信息——在这种情况下，向他们提供信息没有任何好处。但我们可以想象，在某些情况下，人们可能并不是特别想要信息，但在收到信息，帮助到自己或他人后却表现得非常不同。如果人们了解到节能可能带来的经济效益，或者了解到某一特定产品对他人的危害，他们可能会做出不同的选择。

毁了爆米花之二：对改变者征收的享乐税

即使人们能够戒烟或最终选择低热量的食物，并因此而获得很大的净收益，他们也会因为看到一些造成痛苦的东西而付出代价。这种成本也应该计算在内，即使收益远远超过了成本。问题的关键并不在于享乐成本一定是决定性的：如果人们在得知信息后做出了不同的选择，那么就应该假定他们的境况会更好。但是好了多少呢?

要回答这个问题，必须把享乐成本考虑进去。对许多人来说，卡路里标签会带来成本，仅仅是因为它告诉人们，他们要吃的美味奶酪汉堡也会让他们的肚子鼓起来。理论和实践之间确实存在差异，在实践中，理性的监管机构可能不知道如何计算这种享乐成本（除了在不量化的情况下认识到它）。唯一的问题是，享乐成本是实实在在的。

消费者福利损失

第四种损失是消费者福利损失。假设人们综合考虑后决定，他们应该吃沙拉而不是芝士汉堡，因为后者含有更多的卡路里。如果他们只是因为沙拉上的卡路里标签而选择沙拉，那么他们可能总的来说境况会变得更好——从某种意义上说，他们会更不开心，但也更明智（也更健康）。他们更不开心，因为他们从餐食中得到的享受更少了。

　　对损失规模的评估构成了严重的概念和经验挑战（将在适当的时候加以探讨）。这里也是一样，在人群中也会存在异质性。有些人会更不开心，有些人只会不开心一点点。但毫无疑问，消费者福利的损失将会发生，而且可能会占去收益的一个不小的比例。原则上，如果享乐损失几乎和健康收益一样高，那么放弃吃汉堡包的决定可能只会让人们的生活稍微好一点。当强制性标签导致人们用产品 A 来替代产品 B 时，就会产生一种福利损失，这是因为除了标签引起人们关注的那种特性之外，产品 B 比产品 A 更好。

　　例如，假设消费者在两辆本质上相同的汽车之间进行选择。由于燃油效率更高，更省油的汽车每年的使用成本将减少 2 000 美元。燃油效率较低的那一台汽车则要多花 500 美元。想象一下，由于燃油经济性标签，他们选择了节能汽车。对于每一位这样的消费者，我们可能会忍不住说这个标签带来了 1 500 美元的收益。但在实际操作中，评估燃油经济性标签的效果，要复杂得多。一些消费者最终会购买燃油效率更高、但在某些方面性能较差的汽车，因此他们将获得的收益是 1 500 美元减去 X 美元，其中 X 指的是他们原本更喜欢却未选择的汽车的理想功能所带来的价值。公职人员很难知道 X 的平均值是 100 美元、1 000 美元，还是 1 450 美元。

（关键的）内生偏好问题

　　以上所有这些讨论都假设偏好是固定的、一致的、外生的。

然而，在某些情况下，这种假设是不正确的。[37] 人们的偏好是不稳定的；它们随着时间的推移而变化，有时是信息的结果，有时是经验的结果。人们的偏好是否会改变以及何时会改变，是不可预测的。一方面，熟悉会滋生轻视；而另一方面，"没有比家更好的地方了"。这些观点使上述分析复杂化，并产生了一种风险，即成本分析将忽视由信息本身引起的品味变化。

　　假设在第一阶段，人们非常喜欢吃汉堡包，很少喜欢吃沙拉。现在假设人们在看到卡路里标签后，会在第二阶段改吃沙拉，因为他们想做更健康的选择。在第二阶段，他们因转换而付出代价——他们想念汉堡包（美味！），而不太喜欢沙拉（无聊！）。但在第三阶段，人们可能会不喜欢汉堡包（恶心！），而喜欢沙拉（新鲜！）。考虑成本收益的分析师必须考虑到人们的偏好随时间而变化，尽管这样做会带来严重的经验挑战。曾经的高成本可能会变成低成本。可能很难知道变化的幅度，甚至是符号。也许那些改吃沙拉的人会爱上它，又或者他们会渴望吃汉堡而逐渐嫌弃沙拉。

收益

　　在收益方面，评估可能更具挑战性。[38] 如果政府授权使用燃油经济性标签，各机构可能想要从授权中预测经济和环境效益。首先，应该清楚的是，任何预测都是具有挑战性的。为了预测收益，监管机构应该确定标签对行为的影响，如果他们至少关注经济上的或其他方面的终点的话。我们已经看到，原则上，随机对照试验是有价值的。如果一个小组看到一个特定的标签，而另一个类似的小组看到一个不同的标签（或没有标签），监管机构应该就能够明确标签对购买决定的影响。有了这些信息，他们就可以估计经济和环境后果（如果他们至少能从试验中得出结论的话）。

正如我们所看到的，进行随机对照试验可能是很困难的。在这种情况下，对消费者对标签的反应进行任何形式的预测都是非常困难的。各机构可能依赖调查或焦点小组，这些小组可以提供相关信息。精心设计的调查可能会告诉我们很多关于消费者和工人对信息的反应。[39] 即便如此，要从调查研究中预测同行为改变有关的具体数字，仍可能是有风险的。

机构有时试图确定在金钱或健康方面可能的终点。如果他们没有随机对照试验，他们可能会通过调查来检验人们是否会减少支出、增加储蓄或避免风险。结果可能会令人惊讶；人们可能对信息反应过度或反应不足。如果机构能够做出准确的预测，他们就会知道一些重要的事情。例如，假设香烟包装上有图示警告，每年因吸烟导致的死亡人数将减少 2.5 万人，或者消费者可以从精心设计的燃油经济性标签上节省 1.2 亿美元，同时带来附近地区的环境效益。一些机构正是这样估计的。也许技术创新将使精确的预测变得越来越可行。

机构有时知道很多，有了这样的创新，他们就会知道得更多。那会很棒。问题在于，基于迄今为止给出的理由，此类预测无法对（净）收益作出完整的估计。即使我们有一个随机对照试验表明，燃油经济性标签可以节省一定数量的资金，我们也不知道净福利收益。因为终点不包括一系列认知成本和享乐成本，它们很可能是一个上限；它们也可能没有包括一些享乐收益，在这种情况下，它们可能是一个下限。

支付意愿

我们已经看到，监管机构可能会从另一个方向探讨这个问题。他们可能不会问节能汽车的经济节省，而是会问一个完全不同的问题：消费者愿意为节能标签支付多少钱？正如我们在第 1 章中看到的，这很容易做到。

诚然，如果人们被问及他们是否愿意为抽象的信息付费，他们将不得不回答一些棘手的问题：他们将如何使用这些信息？他们将从中获得多少好处？他们可能很少或根本不知道这些问题的答案。同样，在调查中，关于降低风险的问题的答案引发了严重的困惑。例如，调查发现，支付意愿和接受意愿之间存在着巨大的差异，而且一些消费者不愿意接受任何有限的付款来购买和使用有风险的产品。[40] 这类调查结果提出了一个问题：人们愿意为信息（可能导致经济节省或风险降低）付费的数字，是否能充分反映福利效应（见第 6 章）？但至少在原则上，这些数字应该既能提供信息，又能起到作用。他们应该捕捉人们关心的一切，不仅仅是终点，而是信息的全部成本和收益。

在有关家庭能源使用的报告中，奥尔科特和凯斯勒（Allcott and Kessler）对支付意愿进行了重要研究。[41] 这些报告提供了一些信息，但都是与众不同的。它们告诉了人们他们的能源使用情况与邻居相比如何，它们还向人们提供了一些关于如何节约能源的建议（图 2.4）。

(a)
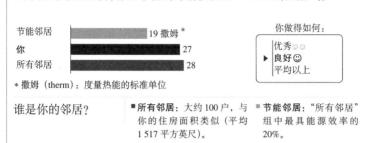

最近 12 个月的邻里比较

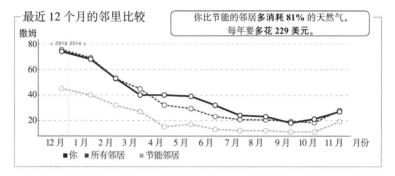

(b) **个性化的建议** | 要获得节能投资和明智购买的完整列表，请访问 utilityco.com/rebates。

快速修复 你现在就能做的事	**明智的购买** 一种省钱的方式	**☐ 明智的购买** 一种省钱的方式
☐ 在冬天打开你的窗帘 利用冬季的直射阳光可以减少你的取暖费用。白天打开百叶窗和其他窗户，捕捉免费的热和光。 朝南的窗户获得热量的潜力最大，从上午 9 点到下午 3 点的阳光最强烈。 当你让阳光照进来的时候，记得把恒温器调低几度。这两个步骤结合起来就能既省钱又节能。	**☐ 设置你的恒温器** 当你外出时，可编程的自动调温器可以自动调节你的暖气或空调。当你回家时，它可以恢复到你喜欢的温度。 如果你还没有可编程的恒温器，可以在当地的家居装饰商店买一个。为了舒适和方便，一定要为你的恒温器设置节能设置。 如果你需要安装或编程恒温器的帮助，请查阅你的手册或致电制造商寻求帮助。	**门窗防水饰条** 对于平常的家庭来说，窗户和门在冬天损失的热量高达 25%。 如果你愿意自己做，你可以在几个小时内让你的家变暖。用绳缝密封窗户，每扇 1 美元，或者安装更多的永久挡风雨条，每扇 8—10 美元。另外，在户外门户的底部安装扫板。 如果你愿意，专业人士可以帮助你做这项工作。
每年可节省多达 **10 美元**	**每年可节省多达** **65 美元**	**每年可节省多达** **10 美元**

图 2.4 家庭能源报告：（a）社会比较；（b）建议

由于这些报告，人们平均每年可节省约 7 美元。奥尔科特和凯斯勒发现，平均而言，人们愿意为这些报告支付一些费用，但他们愿意支付的平均金额，远低于人们因这些报告而享受的平均经济节省——他们平均只愿支付大约 2.80 美元。这里的一个含义是，标准的估计关注平均经济节省，大大夸大了从报告中获得的净福利收益。目前，尚不清楚为什么支付意愿的数字远低于经济收益：为什么对于一份能让他们省下（比方说）7 美元的报告，人们只愿意掏（比方说）2.8 美元来买？

但仔细想想，答案并不是那么神秘。相对较低的支付意愿可能反映了因收到报告而造成的各种福利损失：阅读报告所花的时间、接收不到好消息的情绪税、采取措施减少能源消耗所花的时间。无论我们如何看待奥尔科特和凯斯勒给出的确切数字，支付意愿应该包含以上成本。在某些情况下，它应该还能反映这样一个事实，即一些或许多人愿意免费获取信息，或者甚至可能为了不接收信息而支付某些费用。事实上，这正是奥尔科特和凯斯勒的发现。明确的结论是，许多人确实不想要报告中包含的信息。它毁了爆米花！

当然，毫无疑问，有些人喜欢奥尔科特和凯斯勒研究的那种报告。这表明，一份完整的报告还必须确定接受信息的快乐收益。（回想一下，很多人也喜欢卡路里标签。）与这一观点相一致，奥尔科特和凯斯勒发现了高度的异质性。许多人愿意为这些报告支付超过 7 美元的费用。奥尔科特和凯斯勒恰当地强调的一个重要教训是，有针对性的政策可能带来福利收益，只要确保报告只发给需要它们的人。

在理想的情况下，考虑到人们的偏好和价值观可能发生变化，监管机构要问的正确问题应该包括支付意愿。他们不应该只关注消费者购买更节能的汽车可能获得的经济收益。再次重申：在乐观的假设下，支付意愿的问题应该包括所有与消费者有关的东西。当然，这个问题不会完全反映第三方效应；如果偏好和价值观随着时间的推移而改变，它也不会反映福利效应。

信息和偏见

作为一个经验问题，要获得支付意愿问题的可靠答案或任何与之相近的答案可能并不容易。我们可以简单地询问别人，就像奥尔科特和凯斯勒所做的，就像我所做的（见第1章）。但是，为了让他们的答案具有相关性，提供相关的信息非常重要——例如，关于标签的潜在收益（纯粹的经济收益和其他方面的收益）。我们想要的是知情的支付意愿，而不是在信息真空中的支付意愿。如果人们说他们愿意为一份家庭能源报告支付2.80美元，或1.00美元，或15.00美元，难道他们不是在拍脑袋吗？也许吧。这些回答有什么依据吗？也许没有。

不幸的是，提供关键信息可能会"锚定"消费者，从而使他们的答案产生偏差。假设消费者被告知，收到家庭能源报告后，平均每个家庭每年可节省7美元，或者通过引导人们购买更省油的汽车，燃油经济性标签使人们平均每年节省100美元。受访者可能会锚定这些数字并受其影响。如果是这样，我们不清楚他们的答案能告诉我们什么。经锚定的答案对福利影响不会特别有启发性。

试想如果锚定的问题可以被克服，而且知情的消费者愿意为家庭能源报告平均支付（比如说）10美元。若真是这样，至少在行为偏差并没有扭曲人们答案的情况下，我们可能会对消费者的收益有一定的了解。然而，在实际操作中，这种偏见很可能会造成扭曲。回想一下现时偏差和乐观偏差，这可能会导致支付意愿的数字同福利收益相比过高或过低。如果我们处理的是调查证据，人们的答案并不完全可靠，部分原因是他们没有支付真金白银。即使是这样，以一种足够中立的方式对消费者进行告知，仍然存在困难。

在与健康有关的信息披露方面，问题更为棘手。对于他们愿意为信息支付多少钱这个问题，消费者可能知道的还不够多，无法给出好的答案。例如，卡路里标签的一个目标是减少肥胖，肥胖会导致各种的健康问题，包括过早死亡。如果消费者被问及他们愿意为这些标签花多少钱，他们将不得不尝试回答一些关于这些标签可能产生的影响的问题，即卡路里标签是否能改善他们的健康，如果能，能改善到什么程度。这些都不是容易回答的问题。（明年你愿意花多少钱在你的食物上标注卡路里？你究竟是根据什么得出的这个数字？）

诚然，如果监管机构关注的是终点，而不是标签的支付意愿，那么他们已经建立了将健康效应转化为货币效应的方法。在美国，一个人生命的统计价值，现在约为900万美元。[42] 但是卡路里标签能防止多少人过早死亡呢？除了死亡，这些标签对不良健康结果还有什么影响？要回答这些问题，监管机构必须承担两项任务。首先，他们必须预测卡路里标签对人们选择食物的影响。其次，他们必须遵循这一预测，具体说明低热量摄入对健康的影响。至少可以说，如果他们能完成这些任务，他们就会对标签的好处有一些了解，只要他们能把各种影响转化为等价的货币（这是第三个任务）。在完成所有这三项任务后，监管机构将得到明确的终点，这是好的。但由于我们已经给出的原因，对终点的具体说明将夸大收益，因为它并不包括各种认知损失和享乐损失。（如前所述，也可能会有享乐上的好处。）

但我们现在关注的是支付意愿，而不是终点。我们可以问问人们愿意为卡路里标签支付多少钱。[43] 同以前一样，从原则上讲，提出这个问题比评估健康状况更可取，因为支付意愿将反映对消费者重要的所有变量。[44] 同样地，在使用调查来得出可靠的数字、获得信息并且不带有各种偏见方面，也存在着巨大的挑战。如果人们的偏好变化无常，那么支付意愿的数字可能会大大低估标签带来的福利收益。回想一下，人们可能会对他们转而去消费的产品产生兴趣。我还将香烟等易令人上瘾的商品所带来的问题归类为一类。从福利的角度来看，香烟标签可能是有益的，因为它们有助于打破人们对香烟的上瘾。请注意香烟税可能会使吸烟者更快乐的说法。[45]

预测福利

回想一下，当消费者表明他们的支付意愿时，他们是在解决一个预测问题。举一个普通的例子：当消费者决定花 3 万美元买一辆新车，而不是 2.5 万美元或 3.5 万美元，她肯定是在预测支出对福利的影响。对于个人消费者来说，要在三辆车中进行选择，预测问题解决起来也并不是那么简单。消费者能可靠地预见到每一辆汽车对他们的福利影响吗？也许能，但事实上，预测问题要比这困难得多。消费者应该询问这笔钱的其他用途。这可能很难。对于那些相对熟悉的商品，大多数消费者可能有足够的经验或合理的经验法则，因此不会错得太离谱——但仍然会犯错。

现在来谈谈健康风险：背部骨折、严重脑震荡、心脏病、糖尿病。不久前，我被车撞了，经历了严重的脑震荡。在此之前，我不知道严重脑震荡是什么样子。（这很糟糕。）要决定花多少钱来消除某些健康问题 $1/n$ 的风险，就需要判断该问题会带来什么后果。消费者有能力做出这样的判断吗？通常不能。他们是否能够对获取信息的价值做出判断，而这些信息将使他们减少患这些疾病的风险？通常不能。

面对这些挑战，监管机构有两个非常不完美的选择。首先，他们可以从两个方面着手，试图找到答案：确定终点（经济节省、健康收益）；以及开展调查，了解人们想知道什么，最好附带相关信息，以帮助受访者。在一些重要场合，美国机构特别强调了终点。[46] 其次，监管机构可以承认困难，承认自己无法克服困难，并利用盈亏平衡分析来决定是否继续下去。

假设冰箱的能效标签每年要花费 1 000 万美元，而美国每年销售 800 万台冰箱。即使普通消费者每年因为这一标签仅仅节省50 美分，成本也将在短短三年内就得到弥补。或许监管机构可以规定福利的上限或下限，从而使盈亏平衡分析具有一定的规律性。盈亏平衡分析可能是粗糙的，但在某些情况下，它将表明，信息披露的理由要么非常有力，要么非常薄弱。

一个生动的例子来自 2019 年，当时美国食品和药物管理局提议要求在香烟包装和香烟广告上添加新的警告，包括图示形象。[47] 正如我们所看到的，该机构为图示警告提供了一个独特的理由。该机构表示，这将促进"公众对吸烟有害健康有更深入的了解"，而不是从公共健康的角度出发提出理由。为了证明这些警告能够实现这一目标，该机构首先强调，1984年发布的纯文字警告是不够的。许多人（包括青少年）"看不见、看不懂也记不住"这些警告。即使他们确实记得，他们也不会去思考其背后的意思。相比之下，图示警告提高了人们的注意力和知晓度。因此，他们促进了与吸烟相关的健康后果（包括中风和癌症）的了解。

美国食品和药物管理局还开展了一项研究计划，以测试哪些文字警告和哪些图示形象会增加公众的理解。一句新提出的警告语是："吸烟会伤害你的孩子。"美国食品和药物管理局在其研究的基础上发现，这一警告语以及其他十几条警告语会引起人们的注意，并且会被记住。该研究还采用了个人访谈、焦点小组和在线研究小组的方法来确定哪些图示可以提高人们对健康风险的理解。

成本和收益如何？该机构表示，关于成本，每年采用、设计、轮换和宣传各种标签的费用将接近1.1亿美元。关于收益，该机构承认它们"难以量化"。原因很简单：如果我们谈论的是增加公众的理解，而不是减少疾病和死亡，那就很难从节省金钱的角度来谈论这一问题。为了捍卫这一规则，美国食品和药物管理局简要地进行了盈亏平衡分析。它指出，哪怕图示警告的好处低至每个包装一美分，使用它们就将是充分合理的。当然，这意味着，让公众更深入地了解吸烟对健康的危害，至少值每个包装一美分。

仅仅就这一点而言，还没有明显迹象显示，更深入的理解实际上就足以证明该规定是合理的。但有理由认为，这种理解最终会减少吸烟的产生。如果一个生命价值900万美元，如果我们只关注过早死亡，如果图示警告的规定能够防止每年至少13例过早死亡，那么它就将是合理的！可以肯定的是，它能做的远不止于此。

小结

披露要求的核心目的是增加人类福利，使人们的生活更美好。在许多情况下，国会提出这样的要求或授权联邦机构实施此类要求。在所有这些情况下，行政命令要求执行机构尝试对披露要求的收益和成本进行分类，并证明这些收益证明了成本的合理性（福利的代表）。这些机构在预测收益方面面临着持续的挑战，它们使用了四种不同的方法：以量化不可行为由，拒绝这样做；盈亏平衡分析；对最终状态的预测，如预测经济节省或健康结果；以及对相关信息的支付意愿的估计。

这些方法都存在严重的问题，并遭到了合理的反对。在高度乐观的假设下，正确的问题通常涉及支付意愿，它应该能涵盖一切重要的东西，包括与接收信息相关的健康收益和享乐损失（因此也涵盖了这样一种可能性：总的来说，人们可能不愿意支付任何费用，或者甚至愿意付钱来不接收信息）。询问支付意愿的一个好处是，它将聚焦于个性化披露的潜力，确保信息只会流向想要的人。在无数的情况下，市场允许个性化披露；未来，监管机构可能会研究这种可能性，至少在信息不是公共产品的情况下。

但在支付意愿方面存在重大问题。有时人们没有很多钱，这意味着他们的支付意愿很低，即使信息可以极大地改善他们的生活。在实践中，人们往往缺乏足够的信息来合理地回答他们愿意为（更多）信息支付多少钱的问题。当你对某化学物质或其影响知之甚少或一无所知时，你愿意为你最喜欢的食物中存在该化学物质的信息支付多少费用呢？人们不仅缺乏信息，他们还可能有行为偏差（包括现时偏差和不切实际的乐观主义）。

我们还看到，当偏好发生变化且不稳定时，即使对支付意愿这个问题给出一个合理的答案，也可能无法反映福利后果，因为人们可能会因为信息而发展出新的品味和价值观。支付意愿数字要求人们尝试解决预测问题，但是在某些情况下，人们并不是很适合这样做。在这些情况下，盈亏平衡分析是最起码的要求，有时也是机构充其量能做的。如果机构能够识别出下限或上限，盈亏平衡分析有时会表明，从福利的角度来看，强制披露信息是合理的，而有时则不然。正因如此，这种分析方法往往是个好主意。

挑战在于，盈亏平衡分析是对无知的承认，而如果没有下限或上限，它将使我们陷入迷茫。在未来，如果各机构能在回答信息对人们生活的实际影响的困难问题方面取得进展，那将会好得多。这些影响可能是非常积极的，也可能是非常消极的。关于信息披露要求和监管收益的下一阶段的工作，应该优先考虑给出这些问题的答案。

注释

[1] 对于义务论的辩护，参见：John Rawls，A Theory of Justice（1972）；Joseph Raz，The Morality of Freedom（1985）。对一种形式的福利主义的辩护，参见 Matthew Adler，Well-Being and Fair Distribution：

Beyond Cost-Benefit Analysis（2011）。

[2] 这项议案请参见 https://www.federalregister.gov/ documents/2019/08/16/2019-17481/tobacco-products-required-warnings-for-cigarette-packages-and-advertisements。

[3] 参见：Adler，前注 [1]；Matthew D. Adler，Measuring Social Welfare：An Introduction（2019）。

[4] 同上。

[5] 在本节以及本章的其他部分中，我借用了一篇更简短、更早期的文章，Cass R. Sunstein，The Cost-Benefit Revolution（2018），以及一份更全面的论述，Cass R. Sunstein，*Ruining Popcorn？The Welfare Effects of Information*，58 J. Risk and Uncertainty 121（2019）。这些论述，尤其是前者，都经过了大幅修改，我希望本书的处理是更好的。（如果某种程度的重复并不完全理想，或许也比自相矛盾更好？不妨比较一下安德烈·纪德的评论："该说的都说了。但既然没有人在听，所有的事情都得再说一遍。"）

[6] 为这一主张的辩护，参见 Cass R. Sunstein，The Cost-Benefit Revolution（2018）。

[7] 参见 W. Kip Viscusi，Pricing Lives（2018）。

[8] 参见 Kenneth Arrow，*Economic Welfare and the Allocation of Resources for Invention*，in The Rate and Direction of Inventive Activity：Economic and Social Factors 6-5（1962）。

[9] 参见 Richard H. Thaler & Cass R. Sunstein，Nudge：Improving Decisions about Health，Wealth，and Happiness（2008）。

[10] 参见 Shlomo Benartzi et al.，*Should Governments Invest More in Nudging？*，28 Psychol. Sci. 1041（2017）。

[11] 关于提醒式的警告，参见 W. Kip Viscusi，Reforming Products Liability（1991）。关于一般性的无效助推，参见 Cass R. Sunstein，*Nudges That Fail*，1 Behav. Pub. Pol'y 4（2017）。

[12] 参见 H. Gilbert Welch，Should I Be Tested for Cancer？（2004）。亦见 H. Gilbert Welch et al.，Overdiagnosed（2012）。

[13] 参见 Wesley A. Magat & W. Kip Viscusi，Informational Approaches

to Regulation（1992）。亦见 Cass R. Sunstein，Simpler：The Future of Government（2013）。

[14] 参见 Omri Ben-Shahar & Carl Schneider，More Than You Wanted to Know：The Failure of Mandated Disclosure（2016）。

[15] 参见 Natalina Zlatevska et al.，*Mandatory Calorie Disclosure：A Comprehensive Analysis of Its Effect on Consumers and Retailers*，94 J. Retailing 89（2018）。

[16] 参见 Zlatevska et al.，前注 [15]，页 93（Table 1）。

[17] 参见：Joel Monárrez-Espino et al.，*Systematic Review of the Effect of Pictorial Warnings on Cigarette Packages in Smoking Behavior*，104 Am. J. Pub. Health e11（2014）；Sven Schneider et al.，*Does the Effect Go Up in Smoke? A Randomized Controlled Trial of Pictorial Warnings on Cigarette Packaging*，86 Patient Educ. and Counseling 77（2012）。

[18] 可参见 Monárrez-Espino et al.，前注 [17]。在 1989—2014 年间发表的 2 456 篇关于图片警告对吸烟者影响的论文中，只有 5 篇包含原始随机对照试验。值得注意的是，当同行审稿人给论文的研究设计评分时，他们给随机对照试验的评分最高。

[19] 可参见 Abigail Evans et al.，*Graphic Warning Labels Elicit Affective and Thoughtful Responses from Smokers：Results of a Randomized Clinical Trial*，10 PLOS One 1（2015）。长期以来，研究人员一直在争论吸烟者是否真的对警告标签的内容进行反思，或者标签的信息是否被忽略了。这项研究表明，这些标签对吸烟者有很强的影响，因为这项研究涉及随机对照试验，它能够隔离图示警告的影响。该研究得出的一些结果与其他研究的结果一致：标签上的信息越少，吸烟者对标签的反应就越深思熟虑。

[20] 有用的概述，参见 Kent D. Messer et al.，Labeling Food Processes：The Good，the Bad and the Ugly，39 Applied Econ. Persp. & Pol'y 407（2017），https://academic.oup.com/aepp/article/39/3/407/4085217。

[21] 参见 Erica Myers et al.，*Effects of Mandatory Energy Efficiency Disclosure in Housing Markets*（Nat'l Bureau of Econ. Research，Working Paper No.26436，2019），https://www.nber.org/papers/w26436。

[22] 参见 Jens Hainmueller et al.，*Consumer Demand for Fair Trade*，97

Rev. Econ. and Stat. 242（2015），https://www.mitpressjournals.org/doi/abs/10.1162/REST_a_00467。

[23] 参见 Nat'l Res. Council，Dolphins and the Tuna Industry，Nat'l Acad. Press，PL 42（1992）。

[24] 参见 Mary J. Christoph & Ruopeng An，*Effect of Nutrition Labels on Dietary Quality among College Students*，76 Nutrition Rev. 187（2018），https://www.ncbi.nlm.nih.gov/pubmed/29373747。

[25] Ctrs. for Disease Control and Prevention，*CDC Study Finds Levels of Trans-Fatty Acids in Blood of U.S. White Adults Has Decreased*（Feb. 8，2012），https://www.cdc.gov/media/releases/2012/p0208_trans-fatty_acids.html。

[26] 参见 Anne N. Thorndike et al.，*Traffic-Light Labels and Choice Architecture Promoting Healthy Food Choices*，46 Am. J. Preventive Med. 143（2014），https://www.ncbi.nlm.nih.gov/pmc/articles/PMC3911887/。但是，又见 M. W. Seward et al.，*A Traffic-Light Label Intervention and Dietary Choices in College Cafeterias*，106 Am. J. Pub. Health 1808（2016），https://www.ncbi.nlm.nih.gov/pubmed/27552277。

[27] 参见 Gicheol Jeong & Yeunjoong Kim，*The Effects of Energy Efficiency and Environmental Labels on Appliance Choice in South Korea*，8 Energy Efficiency 559（2015），https://link.springer.com/article/10.1007/s12053-014-9307-1。

[28] 参见：Kamila M. Kiszko et al.，*The Influence of Calorie Labeling on Food Orders and Consumption*，39 J. Community Health，1248（2014），https://www.ncbi.nlm.nih.gov/pmc/articles/PMC4209007/；Brian Elbel et al.，*Calorie Labeling and Food Choices*，28 Health Aff. 1110（2009），https://www.ncbi.nlm.nih.gov/pubmed/19808705；Sara N. Bleich et al.，*A Systematic Review of Calorie Labeling and Modified Calorie Labeling Interventions*，25 Obesity 2018（2017），https://www.ncbi.nlm.nih.gov/pmc/articles/PMC5752125/。

[29] 参见 Julie S. Downs et al.，*Supplementing Menu Labeling with Calorie Recommendations to Test for Facilitation Effects*，103 Am. J. Pub. Health 1604（2013），https://ajph.aphapublications.org/doi/full/10.2105/

AJPH.2013.301218。

[30] 参见 Partha Deb & Carmen Vargas，*Who Benefits from Calorie Labeling?* 1—29（Nat'l Bureau of Econ. Research，Working Paper No.21992，2016），https://www.nber.org/papers/w21992；亦见 Bryan Bollinger et al.，*Calorie Posting in Chain Restaurants*（Nat'l Bureau of Econ. Research，Working Paper No.15648，2010），https://www.nber.org/papers/w15648。

[31] 参见 Steven K. Dallas et al.，*Don't Count Calorie Labeling Out*，29 J. Consumer Psychol. 60（2018）。

[32] 一项以量化不可行为由拒绝对收益进行量化的重要决策，参见 Inv. Co. Inst. v. Commodity Futures Trading Comm'n，720 F.3d 370（D.C. Cir. 2013）。在披露方面，一项主要的决定是 Nat'l Ass'n of Mfr. v. SEC（D.C. Cir. 2014），它反对就一项规定展开"任意性审查"，该规定要求披露"冲突矿物"的使用情况：

> 一个机构不需要"测量不可测量的东西"，也不需要进行"严格的、定量的经济分析"，除非法明确指示它这样做。在这方面，该规则的好处将发生在半个地球之外的一场不透明的冲突中，这一冲突几乎不存在可靠的信息，并且涉及委员会没有专门知识的主题。即使人们可以估算最终规则的直接结果是挽救了多少人的生命或阻止了多少次强奸，这样做也是毫无意义的，因为以美元衡量的规则成本将产生一种类似苹果同砖块的比较。尽管缺乏数据，委员会还是不得不颁布一项披露规则。

引自 Inv. Co. Inst.，v. Commodity Futures Trading Comm'n 720 F.3d 370（D. C. Cir. 2013）。

[33] 参见 Ben-Shahar & Schneider，前注［14］。

[34] 参见 Daniel Kahneman & Richard H. Thaler，*Anomalies：Utility Maximization and Experienced Utility*，20 J. Econ. Persp. 221（2006）。

[35] 最终规则参见 https://www.federalregister.gov/ documents/ 2018/12/21/2018-27283/national-bioengineered-food-disclosure-standard。

[36] 参见 Hunt Allcott & Judd B. Kessler，*The Welfare Effects of Nudges*：

A Case Study of Energy Use Social Comparisons，11 American Economic Review：Applied Economics 236（2019）。

[37] 参见 Preference Change：Approaches from Philosophy，Economics and Psychology 4（Till Grune-Yanoff & Sven Ove Hansson eds.，2009）。

[38] 例如，根据美国环境保护署和交通部（Enviromental Protection Agency and the Department of Transportation，2011）的说法，在谈到新的燃油经济性标签时，"任何关于标签设计对汽车销售的量化影响的评估都涉及大量的猜测"。简而言之："与这一规则相关的主要好处是，通过改进信息的呈现方式，改善消费者决策。目前，美国环境保护署（EPA）和国家公路交通安全管理局（NHTSA）没有数据来量化这些影响。"参见 Revisions and Additions to Motor Vehicle Fuel Economy Label，76 Fed. Reg. 39，517（July 6，2011）。

[39] 参见 W. Kip Viscusi & Wesley A. Magat，Learning about Risk（1987）。

[40] 参见 Wesley A. Magat & W. Kip Viscusi，Informational Approaches to Regulation（1992）。

[41] 参见 Allcott & Kessler，前注［35］。

[42] 这个问题上的关键性工作来自 W. Kip Viscusi，Pricing Lives（2018）；许多人借鉴了他的研究成果。可参见 Thomson 和 Monje，他们解释说："根据现有的最佳证据，这份指南将 940 万美元确定为生命的统计价值。"Kathryn Thomason & Carlos Monje，Guidance on Treatment of the Economic Value of a Statistical Life in U. S. Department of Transportation Analyses，Memorandum，US Department of Transportation（2015），https://perma.cc/C6RQ-4ZXR。亦见 Sunstein，该书提供了基本理论，并讨论了"机构……如何为拟议中的法规将拯救的人类生命设定货币价值"。Cass R. Sunstein，Valuing Life：Humanizing the Regulatory State（2014）.

[43] 参见 Loureiro et al.，该文发现，"平均而言，消费者愿意支付比初始价格高出近11%的价格，以获得有营养标签的饼干"。Maria L. Loureiro et al.，*Do Consumers Value Nutritional Labels?*，33 Eur. Rev. Agric. Econ. 249，263（2006）. 此外，"与之前的预期一致，我们的结果也表明，患有饮食相关健康问题的个体（估计平均占13%）和没有任何饮食相关健康问题的个体（估计平均占9%）之间［的支付意愿］存在

差异。"同上，页 249。

[44] 参见 US Food and Drug Administration，Food Labeling：Nutrition Labeling of Standard Menu Items in Restaurants and Similar Retail Food Establishments，Report FDA-2011-F-0172，11，64（2014），https://www. fda.gov/media/90450/download。然而，与以前一样，即使从福利的角度来看，支付意愿的标准也可能遇到规范角度的反对。参见 Bronsteen 等人，他们提出了关于支付意愿的问题，考虑到人们有时不知道什么能促进他们的福利。参见 John Bronsteen et al.，Happiness and the Law（2015）。

[45] 参见 Jonathan Gruber & Sendhil Mullainathan，*Do Cigarette Taxes Make Smokers Happier*？（Nat'l Bureau of Econ. Research，Working Paper No.8872，2002），http://www.nber.org/papers/w8872。

[46] 美国食品和药物管理局指出，不吸烟者的寿命更长，癌症和疾病更少，财产和金钱价值也更高。US Food and Drug Administration，Required Warnings for Cigarette Packages and Advertisements，76 Fed. Reg. 36719（June 22，2011）. 亦见美国劳工部要求员工有权查看职业安全与健康管理局（OSHA）日志。US Department of Labor，Improve Tracking of Workplace Injuries and Illnesses，81 Fed. Reg. 29628（May 12，2016）. 又见美国环境保护署和美国交通部的解释："这些机构认为，知情选择本身就是目的，即使很难量化；这些机构还认为，新标签将为消费者带来重大利益，包括经济利益，尽管这些利益目前还无法量化。"US Environmental Protection Agency & US Department of Transportation，Revisions and Additions to Motor Vehicle Fuel Economy Label，76 Fed. Reg. 39517（July 6，2011）. 最后，请参见美国食品和药物管理局，该局解释道："最终规则还可以通过使消费者食品选择的长期健康后果更加突出，并提供食品消费的文本线索，来帮助消费者。"US Food and Drug Administration，Food Labeling：Nutrition Labeling of Standard Menu Items in Restaurants and Similar Retail Food Establishments，Report FDA-2011-F-0172，11（2014），https://www.fda.gov/media/90450/download。

[47] 该提议可参见 https://www.federalregister.gov/ documents/2019/08/16/2019-17481/tobacco-products-required-warnings-for-cigarette-packages-and-advertisements。

第3章 心理学 *

　　与更激进的监管形式相比，信息披露的一个重要优势在于，它的灵活性和对自由市场运作的尊重。监管规定是一把钝剑，它往往会忽视异质性，并可能产生严重的、意想不到的不利影响。例如，对电器的能效要求，可能会导致产品性能不佳或具有消费者不想要的特性。相比之下，信息提供则尊重选择的自由。如果汽车制造商被要求测量并公布汽车的安全特性，潜在的汽车购买者可以将安全问题与其他属性（比如价格和款式）进行权衡。如果餐馆的顾客被告知他们所吃食物的卡路里，那些想要减肥的人可以利用这些信息，而那些不关心卡路里的人则不受影响。披露不会干扰、甚至可以促进个人决策的自主性（和质量）。如果设计得当，它也能提高效率。

　　我们应该如何考虑适当的设计？奥姆里·本-沙哈尔（Omri Ben-Shahar）和卡尔·施奈德（Carl Schneider）在一篇题为《强制披露的失败》的文章中，尖锐地提出了这个问题。[1] 作者用 12 页的篇幅列出了联邦和州法令、行政法规和法院裁决中包含的大量、有时甚至是荒谬的信息披露要求。这些要求适用于几乎所有

---

* 本章系与 George Loewenstein 与 Russell Golman 合著。

类型的贷款、银行账户、共同基金、信用卡、证券经纪人、信用报告机构、投资顾问、自动柜员机、当铺、发薪日贷款、租赁自购合同、分期付款销售、所有类型的保险合同、车辆租赁、自助仓储设施、汽车牵引公司、汽车修理店，等等。也许最有趣（尽管有些令人毛骨悚然）的例子是，加利福尼亚州的殡葬业者要求向棺材购买者披露："没有科学或其他证据表明，任何带有密封装置的棺材都可以保存人类的遗体。"

本-沙哈尔和施奈德对信息披露的要求深表怀疑，部分原因是信息披露往往设计不当，部分原因是他们认为信息披露通常注定会失败。不管他们是否正确，仔细阅读他们的清单可以发现，在强制要求披露信息的情况下，有一种常见的模式。一般来说，当信息不太灵通的消费者与信息更灵通的销售者互动时，并且当消费者和销售者的激励至少可以说是不一致时，就适用这种要求。（请注意，在许多重要的情况下，卖家和消费者都是建议的提供者和接受者。）这些特征描述了如下情况：

- 汽车销售商和潜在客户之间的互动。卖家对其销售的汽车的安全性有更好的了解，但客户可能对驾驶安全的汽车更感兴趣。

- 连锁餐厅与其顾客之间的互动。餐厅对所售食物的营养特性有更好的了解，但顾客可能对食用营养食品更感兴趣。

- 医生和患者之间的互动。医生对不同的检查和治疗的适宜性有更好的了解，但也可能有动机推荐可能不符患者最佳利益的特定检查、药物或服务（如手术）。

- 相互作用：(a) 将生产外包给虐待工人或从事破坏环境行为的企业的制造商；(b) 在欣赏低价的同时，渴望消费

"绿色"或有社会责任感的产品的消费者。

在一些情况下，信息披露是为了解决由于信息不对称和激励不一致而造成的标准经济市场失灵问题，而在另一些情况下，信息披露的目的是帮助保护消费者免受自身伤害。心理学和行为经济学为补充传统经济核算的监管提供了新的理论基础。新的理论基础包括所谓的"行为市场失灵"。与标准经济学中的外部性概念类似，行为经济学通过引入"内部性"——个人强加给自己、但在决策时未能内部化的成本——概念，扩大了合理监管的潜在范围。例如，吸烟者可能喜欢吸烟，但不太喜欢肺癌；那些吃很多食物、体重增加的人可能喜欢他们的饭菜，但却不喜欢由此带来的健康问题；那些今天花了很多钱的人如果发现他们明天没有钱花，他们可能不会高兴。

请注意，仅仅只有内部性并不能为强制披露规定提供充分的理由；在这种情况下，至少某种形式的激励错位也很重要。假设在时刻 1，消费者做出的决定会在时刻 2 伤害到自己，其长期成本超过了短期收益。如果销售者的激励与消费者的长期利益相一致，那么销售者就会提供旨在减少或消除这种内部性的信息或产品。

出于显而易见的原因，事实可能并非如此。例如，如果快餐顾客没有考虑到卡路里对健康的影响，那么快餐店可以利用这一缺陷，提供诱人但不健康的菜单选项，而且生产成本低廉。同样地，如果购车者对燃油成本的关注不够，那么汽车制造商就可以提供生产成本更低、在消费者关注的属性方面更具吸引力的、耗油量大的汽车。

信息披露可以采取多种形式。最适当的披露形式取决于市场失灵出现的情况。重要的是要区分哪些情况下的信息是可验证的（错误的信息可能会受到惩罚），哪些情况下的信息是不可验证的。例如，快餐店所宣称的卡路里含量和汽车制造商所宣称的燃油经济性，都是经过科学验证的。然而，如果一个医生表达了一个病人非常适合进行临床试验的观点，那就没有办法验证他是否真的相信这个观点，还是说，他之所以传达这个观点，是因为他会从转诊费中受益。

当信息可核实时，披露可以集中于纠正信息不对称，即向信息不太灵通的买家或建议接收者提供信息，以促进信息公平。例如，当制药公司被要求在处方药上贴上警告标签时，该警告旨在缓解药品制造商与患者之间存在的信息不对称——制造商有权获取潜在副作用的数据，而患者在未披露信息的情况下则无权获取数据。当汽车公司被要求在标签上标明汽车的燃油经济性时，情况也是如此。

然而，当信息无法核实时，旨在消除信息不对称的强制披露将毫无用处，因为无法知道所披露的信息是否准确。[2] 在这种情况下（以及在可核实信息的情况下），知情方仍可能被要求披露激励的不一致。例如，在纽约州，潜在的购房者和卖房者被要求签署一份信息披露表（以核实他们已经了解表中的信息），该表格旨在面向"与［房地产许可证持有人］合作的潜在买家或卖家，告知他们的代理关系及其所产生的权利和义务。这些信息将帮助您在与房地产经纪人及其销售代理的关系上做出明智的选择。"

有人可能会认为，当利益不一致时，对被披露者来说应该是显而易见的，因此无需披露。但现有的研究表明，许多收到建议的人并没有意识到这种不一致，或者至少表现得好像他们没有意识到一样，对存在利益冲突的消息来源方的建议信以为真。[3] 除了向信息接收者建议，他们或许应该不信任来自激励不一致的顾问的信息外，意识到这种不一致也可以鼓励被建议者去寻找与这些顾问存在利益竞争的顾问，以便听取双方的意见。[4] 然而，披露不一致的激励实际上可能是有害的。人们可能会对信息披露反应过度，这可能会阻止个人获得良好的建议。例如，如果一名病人在得知自己的利益冲突后完全回避了医生，就会出现这种情况。此外，当顾问出于道德动机提供公正的建议时，披露不一致的激励可能会破坏这种动机（道德许可现象，下文会有详细讨论）。

披露也可以通过多种方式进行。例如，就医生而言，潜在的利益冲突可以直接由医生在医患互动过程中披露，也可以以一种不太私人的方式披露（例如，由候诊室的接待员把打印出来的信息交给患者）。信息披露也可以通过或多或少的努力来确保消费者真正关注它们。例如，连锁餐厅可能仅仅被要求向提出要求的人提供营养信息，或者按照《平价医疗法》的规定，将信息发布在菜单板上。从经济角度来看，其中一些细节可能看起来无关紧要，但实际上它们非常重要。

心理机制

当被告知信息时，人们的反应基于以下几种心理机制。

1. 有限的注意力和觉知

越来越多的经济学研究证实了心理学家几十年来所知道和研

究的一个事实：人们在任何时间点所能接触到的信息量都存在严重的限制。标准的经济核算会强调注意力是一种稀缺资源，并建议人们就如何分配注意力做出理性（即使相当迅速）的决定。相比之下，心理学研究表明，人们并不能决定如何分配注意力；某些东西能吸引注意力，而另一些则会消失在背景中，即使它们极其重要，即使关注它们是合理的。这两种账户之间的区别，在某些目的上很重要，但在其他目的上则无关紧要。最普遍的一点是，对注意力的限制很可能是影响信息披露效力的最重要因素。

有限的注意力使得许多披露变得毫无用处，因为消费者会忽略它们。他们回答说："是啊，随便吧。"然后继续前进。例如，只有不到3%的消费者会阅读网站上随处可见的隐私披露条款[5]，75%的消费者认为隐私政策的存在意味着隐私保护[6]，尽管这些政策的实际目的往往正好相反，是为了确保消费者默许放弃隐私权。[7]信息披露无处不在，以至于我们往往没有意识到它们，而当隐性信息被暴露出来时，人们不禁会感到震惊，因为任何人都不可能注意到我们所接触到的这些信息，哪怕只是其中的一小部分。

其中一种最常见、显然也是最重要的披露形式，涉及产品警告标签。麦卡锡等人总结了大约400篇关于产品警告标签的文章的结果，得出结论："产品警告对用户行为和产品安全没有可衡量的影响。"[8]这个结论似乎过于悲观，但却很能说明问题。当披露要求被证明无效时，也许值得考虑改进的方法，尽管会涉及信息或其他监管方法，包括默认规则。

2. 忽视缺失的信息

经济分析的一个关键假设（得出的结论是，当披露的信息是可核实的, 披露就是不必要的) 是, 人们不仅知道他们被提供的信息, 而且知道目前尚未披露但可能会被呈现的信息。更具体地说, 标准的经济分析假设, 当公司向个人提供选定的信息时, 人们会用最坏的可能值来填补空白, 并假设如果信息是有利的, 它就会被披露。心理学研究表明, 这一关键假设不太可能成立。我们已经看到, 人们处理他们收到的信息的能力有限; 另一项研究表明, 人们通常对信息缺失的关注少于对信息存在的关注, 即使两者的信息量相同。[9]

在现实世界的市场环境中, 对缺失信息的忽视的一个有力证据, 来自对电影冷上映的研究——所谓"冷上映"指的是, 在没有事先让影评人接触的情况下, 向消费者发行电影。当电影公司确信影评会对他们不利时, 他们会对电影进行冷上映, 而消费者应该能从电影上映而事先却没有影评报道这一事实中得出合理的推论。但事实上, 冷上映的电影一开始会比那些事先给影评人看却基本上只得到负面评价的电影表现更好。[10]

人们忽视缺失信息的后果是, 自愿披露政策往往会被证明是相当无效的。例如, 如果医生可以签署一份无利益冲突的证明, 患者可能会从缺乏这种证明中推断出医生一定存在利益冲突。但是, 如果患者会系统性地忽视这种证明的缺失, 那么, 医生避免冲突的动机也会相应减弱。[11] 同样, 在《营养标签和教育法》颁布之前, 高脂肪含量的沙拉酱生产商自愿选择不给这些产品贴上标签。但在强制披露的情况下, 他们的销售额下降了。[12]

3. 动机性关注

即使人们有认知能力去关注信息披露所提供的信息, 他们也并不总是这样做。正如我们所看到的，信息不仅是决策的投入，它本身就是一种效用来源。[13] 回想一下享乐效应的重要性。当信息令人不快时，人们往往不去注意它。我们已经看到，投资者倾向于在市场上涨后登录并查看其投资组合的价值，但在市场下跌后则会"把头埋在沙子里"。[14] 对艾滋病毒等疾病进行医学检测的研究发现，风险最高的人通常不会接受检测，因为这种疾病的后果太可怕而不愿去面对，或者因为他们害怕暴露于得到坏消息的风险之中。[15]

其中一项研究考察了亨廷顿病高危人群是否接受检测的决定。[16] 尽管知道一个人是否患有该疾病，对于做出决定（比如是否要孩子）应该是有极大的价值，但许多人选择在他们开始出现症状之前不去做检测。更有趣的是，那些没有接受检测的人做出的人生决定，比如是否要孩子，与那些接受检测并发现自己没有患病的人没有什么区别。出于决策的目的，人们似乎认为，没有检测结果就等同于没有这种疾病。

关于医疗披露，心理方面的情况当然很复杂。不同的患者对相同的披露有不同的反应。一个人的基线焦虑和心理痛苦水平，与医疗信息披露对此人的影响之间存在相关性。[17] 例如，高度焦虑的人对癌症的诊断反应会更强烈。此外，医疗信息披露是关乎个人自身的健康，还是关乎他们所关心的人（比如孩子）的健康，这可能很重要。对于许多唐氏综合征患儿的父母来说，信息越多越好，即使这些信息可能包含坏消息，这大概是因为父母认为更多信息有助于他们成为更好的照顾者。[18] 坏消息的影响还将受到患者先前对自身健康的看法的影响。认为自己有患严重疾病的重大风险的患者，更有可能以这种方式解释检测结果；而那些认为自己没有这种风险的患者，也会认为自己的检测结果支持自己的观点。[19] 这是一个明显的动机性关注（motivated attention）的例子。

强制性披露政策引起的动机性关注最明显的含义是，令人不安的信息很可能会被忽视或淡化。关于情绪健康警告（即所谓的恐惧诉求）的影响的研究确实表明，没有立即采取补救措施的可怕警告可能会事与愿违，这显然是因为人们被恐惧吓得不敢去思考这些风险，从而变得不太可能对这些风险作出反应。[20] 在一个类似的现象中，人们被证明患有不切实际的乐观主义，特别是在个人风险方面[21]，而不切实际的乐观主义很可能会削弱披露的影响。

另一个更微妙的含义是，旨在减少公司选择性提供信息的披露政策，可能不会像预期的那样有效。即使公司没有选择性地隐瞒信息（无论是自愿的还是由于披露规定），消费者实际上也可能会通过关注那些支持他们可能已经打算做出的决定的信息，而忽略或淡化那些不支持他们决定的信息，来达到同样的效果。如果冰淇淋店不愿意公布卡路里信息，而是因为法规而被迫这样做，那么喜欢冰淇淋的消费者，可能也会通过忽略此类信息，而承担起法规阻止店家去实施的"编辑"角色，因为这些信息如果进入视野，会降低他们的愉悦感。

4. 有偏的概率判断

虽然在标准经济学中，概率判断是可能包含随机错误的，但传统的假设是人们不会表现出系统性偏差——平均而言，人们对事物的估计是正确的。由于种种原因，情况并非如此。[22] 研究发现，人们对食物卡路里含量[23]、返校[24]，以及驾驶不同燃油经济性的汽车对能源消耗的影响等方面，存在系统性偏差[25]。

对概率的错误估计可能会对信息披露产生重要影响。例如，提供有关吸烟的健康后果的信息旨在阻止人们吸烟；而卡路里信息旨在帮助人们减少卡路里摄入。但是，只有当信息披露之前人们会系统性地偏向于促进不良行为的方向时，这些影响才有可能发生——而事实可能并非如此。一些研究发现，吸烟者和不吸烟者都倾向于高估吸烟的健康风险[26]，尽管需要补充的是，大多数吸烟者被发现会低估他们的个人风险，即使他们面对的是准确的或被高估的统计风险。[27]只要一些或许多吸烟者高估了吸烟的风险，披露吸烟的真正风险就可能最终会助长吸烟。

这里还有一个更重要的问题。一些医学检查和程序对降低绝对风险作用甚微。为了便于说明，某些形式的癌症筛查可能会在一千人中防止一人死亡。人们可能会提前相信，癌症筛查在预防死亡方面有更大的作用。如果他们被告知实际数字，参与癌症筛查的人很有可能会减少。在我看来，这是一件好事，但通情达理的人可能会对这一结论持不同意见。

5. 道德许可

到目前为止，在行为和实验经济学领域，有大量的文献证明了许多人可能会发现的一个显而易见的现象——人们被关心他人的动机所强烈地驱使，比如利他主义、公平和将自己视为好人的愿望，而且，在其他条件相同的情况下，人们更喜欢说真话[28]，并希望别人也这样做。[29]这些动机对于出于道德原因（如动物福利）的信息披露可能很重要，对于信息披露政策共同关注的激励不一致的关系类型也很重要，它们可以激励卖方按照买方的利益行事，即使他们有不这样做的物质激励。[30]

人们的内在动机是提供公正的建议和高质量的产品（即使他们可以把劣质产品卖给天真的消费者），这一事实与利益冲突披露的影响高度相关。在某些情况下，这种披露会通过一种被称为"道德许可"（moral licensing）的复杂现象破坏这种有益的动机。[31] 道德许可发生在人们觉得他们被许可去做一些他们认为是错误的事情时。在利益冲突的案例中，如果感知到被建议人已经通过披露而被提醒了建议人的潜在偏差，会让建议人觉得对提供无偏差的建议没有那么大的责任。关于道德许可的实证文献在很大程度上还处于发展状态，这里的简短讨论旨在辨识出披露的潜在风险。

在一项证明这种现象的研究中，凯恩（Cain）等人让调查对象想象他们正在参与一项实验，在该实验中，他们扮演顾问的角色，并向另一个人（估计员）提供建议，估计员通过准确估计照片中所描绘的罐子中有多少颗糖豆来赚钱。[32] 所有参与者都被给出了一个（假设的）利益冲突："假设估计员高估了罐子里的糖豆数量，你就会得到 50 美元的奖金。"参与者还被告知，罐子里实际上装着 1 900—2 900 颗糖豆。所有的参与者都被要求对给出高于 2 900 的数字（希望估计员高估糖豆的数量）进行道德评价。在一种情况下，参与者被告知"估计员不知道你的 50 美元奖励"；而在另一种情况下，他们被告知"估计员知道你的 50 美元奖励"。与道德许可相一致，参与者报告称，当估计员知晓利益冲突时，夸大数字更合乎道德。

在一系列程式化的实验中，这些作者表明，当冲突被披露时，道德许可足够强大，使得与没有披露的相同情况相比，有利益冲突的顾问（建议人）境况变好，而接受建议的人境况变差。[33] 这些发现后来在一个实验中被重复和扩展，该实验模拟了一个购房者和一个有利益冲突的房地产经纪人的真实情况。[34] 这些研究表明，对激励不一致的披露可能会适得其反，伤害到那些本想帮助的人。总的来说，结论并不是这样的披露是一个坏主意。在某些情况下，披露冲突可能会提高建议的质量。但是，有一个风险是，那些收到有关冲突信息的人的境况不会因此变得更好，他们的境况可能会变得更糟。

乞丐效应与暗示焦虑效应

另外两种心理现象使人们对披露不一致的激励可能带来的适得其反的效果产生了更多的关注。披露某个建议人存在利益冲突，确实会产生被建议人的信任度降低的预期结果。然而反常的是，由于这两种心理机制的存在，接受这种不可信建议的压力也会增加。

第一种心理机制是乞丐效应。其原因是，一旦利益冲突被披露，顾问的利益就被人所知，在某些情况下，被建议人就可能会感到一种帮助建议人获得其个人利益的压力。例如，一旦医生透露如果患者参加临床试验，他或她将获得可观的介绍费，患者可能会隐隐感到自己被要求"帮助"医生获得利益。

暗示焦虑产生的原因在于，被建议人担心（在了解到利益冲突之后）拒绝建议人的建议会发出负面的信号，即在他们看来，建议人的建议是有偏见的，而且该建议人已经出现了腐败问题。

在没有披露相关信息的情况下，投资者考虑到风险规避或对当前投资的满意度，可能不愿意投资他们的财务顾问推荐的新共同基金。然而，在投资顾问透露如果投资者购买新基金后他就能获得经济利益之后，投资者或许会担心，他们不遵循投顾的建议可能会被视为对其不信任的信号——表明他们怀疑投资顾问会受制于利益上的冲突。

在两篇论文中，萨（Sah）等人报告了研究结果，包括实验室研究的假设结果和实地研究的实际结果。在这些研究中，涉及利益冲突的建议人与被建议人进行了互动，其中被建议人又分为知情或不知情两种情况。[35] 在所有实验中，利益冲突信息的披露，都增加了对建议的不信任感。然而，由于乞丐效应和暗示焦虑效应的存在，被建议人接受建议的压力感也增加了。在几个实验中，后者的影响力都要强于前者，因此，尽管被建议人对建议的信任度比较低，但是他们最终还是更可能接受建议。

聚光灯效应或"泄密的心"效应

心理学机制并不总是对信息披露的有效性不利。相反，"泄密的心"效应表明，从经济角度来看，当信息被认为是多余的时候，心理因素可能会增加信息披露的有效性。强制披露可以促使披露者"整顿自己的行为"。[36] 例如，洛杉矶餐馆的卫生评级影响了顾客的光顾模式，从而促使餐馆改善他们的卫生习惯。[37] 在一些更有趣的情境中（在某种程度上也包括餐馆卫生评级），可以在几乎没有消费者反应证据的情况下发现行业的反应。

这种模式提出了一个显而易见的问题：为什么供应商要改变

他们的产品，以回应他们的客户基本上忽略的信息披露？仅仅基于利润考虑，消费者的忽视应该会导致生产商完全重蹈覆辙才对。显然，一些披露者要么对消费者可能的反应有夸大的预期，要么对披露的信息感到内疚或羞愧。我们怀疑，卖家很可能对信息披露的公共突显性有一种夸大的感觉。这与聚光灯效应有关[38]，即人们会夸大别人对他们的注视。这也类似于埃德加·艾伦·坡著名短篇小说《泄密的心》中主人公的自白，他想象警察能听到被他杀死并埋在自己公寓地板下的人的心跳。[39]

目前的一些证据似乎表明，卡路里标签对消费者要么有一定的影响，要么没有影响。[40]但在一项研究中，研究人员梳理了一个可公开访问的网页档案，可以追踪2005—2011年间快餐店张贴菜单的变化，在此期间，几个市政当局引入了卡路里标签——该研究为揭示"泄密的心"效应提供了证据。[41]研究人员将位于食品标签法适用地区的5家快餐连锁店的菜单与位于食品标签法不适用地区的4家快餐连锁店的菜单进行了比较。尽管在此期间，健康食品选择的总体流行率仍然较低，但位于实行卡路里标签地区的餐馆，增加了更健康的主菜的选择。[42]

然而，增加健康菜品选项的数量，并不意味着消费者一定会选择健康选项。在一项研究中，尚东和万辛克（Chandon and Wansink）发现，与麦当劳的同类食品相比，消费者明显低估了赛百味表面上"更健康"的一餐中的卡路里。研究表明，更普遍的健康选择可能会产生"光环效应"，最终适得其反。[43]同一项研究还发现，健康声明会导致消费者点更多卡路里的配菜和饮料，这是一种替代效应。在赛百味进行的一项实地实验中也观察到了这一效应。在该实验中，消费者通过一份只包含低热量三明治的"便捷菜单"，被引导向低卡路里的主菜。[44]

进一步暗示"泄密的心"效应的证据，来自于有关家电购买的文献。迄今为止，这些文献提供了相对薄弱的证据表明消费者对能效标识的反应，但提供了远为更强的证据表明制造商的反应。例如，纽厄尔（Newell）等人就发现能效标识正是如此。[45]在美国强制实施此类标签后，家电节能创新应对能源价格变化的响应能力大幅提高。韦德（Waide）记录了一种在欧盟出现更高能效产品的趋势，这一趋势在引入能效标签之后就开始了，这种趋势非常强烈，以至于具有 A 评级的某些电器的市场达到饱和，导致欧盟监管机构创建了 A+ 和 A++ 评级，以通过产品差异化鼓励更高的效率。[46]

在企业道德和社会责任行为方面，"泄密的心"效应可能特别有效。埃斯特隆德（Estlund）在文章中不仅提到了企业对其公众形象的关注，而且还提到了信息披露法规带来的潜在好处，他认为：

> 领先企业不遗余力地宣传他们在可持续发展、多样性、道德和整体社会责任方面的良好表现，这表明除了普通劳动力市场或产品市场上的竞争，还有更多的因素在发挥作用。强制披露具有社会突显性的、关于雇佣条件（以及企业社会责任主张的其他对象）的准确信息，将有助于确保企业宣称的社会责任有事实依据，而且如果不改进实际操作，企业就不能轻易地提高其良好企业公民的声誉。[47]

"泄密的心"效应很可能在这方面发挥了作用。

让信息披露发挥作用

如何改进披露政策？对行为科学的理解提供了各种各样的答案。

简单化和突显性

由于人的注意力有限，要提高披露的有效性，最显而易见的方法就是简化披露，从而增加披露的突显性。正如里普肯（Ripken）所写的：“为了使信息披露制度有效，不仅必须完整、清晰、准确地披露所提供的信息，而且这些信息还必须能为消费者阅读和理解。这就是今天的信息披露未能达到其目的的地方。”[48] 里普肯的研究重点是财务披露，这方面的问题尤其严重。公司披露文件往往充斥着晦涩难懂的文字，其目的是保护公司免于承担责任，而不是向投资者提供易于理解的信息。但这一点是广泛适用的。当然也适用于旨在帮助消费者、工人和其他人的努力。

简单化可以同时实现许多目标。简单化增加了理解的可能性，集中了人们的注意力，增加了它所说的内容的凸显性。有一些方法可以在保持复杂性的同时增加凸显性，例如使用大号字体或粗体字体，但由于简单化和凸显性通常是齐头并进的，所以我在这里把它们放在一起讨论。

巴尔加瓦和马诺利（Barghava and Manoli）为简单化的好处提供了证据。[49] 在一项实地实验中，他们使用邮件通信测试了提高劳动所得税抵免领受率的不同干预措施。他们发现，与基线通知水平（其本身产生了 14% 的领受率）相比，降低复杂性可以使领受率提高 6 个百分点；同样，与简单性的重要作用相一致的是，复杂性的增加降低了 4 个百分点的领受率。

如果简单化在原则上是一件好事，那么如何简化信息绝对不是一个简单的问题，而且一些显而易见的方法可能会有意想不到的陷阱。在美国和其他国家进行的研究都表明，使用分类的标签，如星星或字母等级，而不是连续的刻度标尺，可以让人们更好地理解、更快地掌握标签信息，并更易于使用。[50] 例如，纽厄尔和西卡迈基（Newell and Siikamäki）发现，与复杂的能效标签相比，接触到不同能效信息、并在不同热水器之间做出假设性选择（在受试者内部的实验中）的消费者，在收到简单能效标签后更容易做出反应，也更有可能做出具有成本效益的决定。[51] 消费者最容易受到关于能源节省的货币价值的简单信息的影响；而将该成本纳入一系列可比模型的附加信息，没有显著的附加价值。也许最重要的是，分类标签使消费者有更高的自我陈述的动机，把能源效率作为购买决定的一部分。[52]

我们已经看到，关于卡路里标签的证据是混杂的。我们还简要提到了一项研究，该研究发现，一个小而简单的解决办法可能会意义重大：将卡路里标签放在菜单项目的左侧，而不是右侧。[53] 这是一个有趣的发现，因为它对无数领域的私营和公共部门的设计选择有影响。这项研究是通过三个不同的实验进行的。第一次是在大学校园的一家连锁餐厅进行的。大约 150 名参与者被随机分配到三种纸质菜单中的一种：没有卡路里信息；卡路里信息在右侧；卡路里信息在左侧。把信息放在右侧并没有什么效果；但是，当卡路里被放在左侧时，参与者订购的卡路里数量减少了24.4%。

第二项研究是一项在线调查，约有300人被要求在菜单上的食物中进行选择。大约一半的人在左侧看到卡路里标签，另一半在右侧看到。参与者还被要求说出是哪些因素影响了他们的选择（比如味道、大小、价格、价值和卡路里）。当卡路里信息被放在左侧时，人们说他们会点卡路里含量明显较低的食物；此外，他们也更有可能说卡路里影响了他们的选择。

第三项研究是最有创意的。研究人员招募了大约250名说希伯来语的以色列人。与英语不同，希伯来语是从右向左读的。达拉斯（Dallas）和他的同事们假设，对于说希伯来语的人来说，他们的主要发现可能是相反的：如果把卡路里信息放在右侧，会产生更大的影响。与第一个实验一样，参与者被分成三组：卡路里信息在左侧；卡路里信息在右侧；以及没有卡路里信息。与第二个实验一样，研究人员对参与者的选择进行了调查。当卡路里放在左侧时，说希伯来语的人不会受到影响；订购的卡路里数量与无卡路里组相同。但当卡路里被放置在右侧时，参与者点的卡路里数量明显减少。

以下是对这些发现的一个简单解释：凸显性非常重要，人们在很大程度上受到他们首先看到的东西的影响。如果他们首先看到"芝士汉堡"，他们可能会想："这正是我想要的！"如果他们刚好在这之后看到"300卡路里"，他们可能会想："好吧，但这正是我想要的！"如果他们首先看到"300卡路里"，他们可能会想："这可是很多卡路里。"如果他们在这之后看到"芝士汉堡"，他们可能会想："好吧，但那可是很多卡路里！"换句话说，当我们评估第二、第三和第四次看到的东西时，我们在菜单上或其他任何地方首先看到的东西可能会引导我们，并证明是决定性的。

如果简单化和凸显性是总体目标，那么在强制披露法规方面，政策上最明显的变化，或许也是最难以实施的：减少不太重要的信息披露的数量，以增加最重要的披露的凸显性。在当今的监管环境中，这种变化的障碍在于，披露法规来自联邦、州和地方各级的广泛立法和监管来源。警告和标签可以被看作是恶性助推的形式（见第 7 章），减少恶性助推可以使最重要的部分更有效。

标准化和比较信息

当人们有比较性的信息来评估相关的权衡时，他们通常能够做出更逻辑连贯、更理性的决策。[54] 这一点表明，提供比较的披露，或便于比较的标准化格式的信息，可能会产生最大的影响和效益。如果信息以一种不允许比较的方式呈现，它可能就没有意义了，特别是因为人们可能不会为了让他们自己能进行这种比较而在认知和其他方面花功夫。

在美国，汽车和电器的能效标签，只是提供比较信息的许多披露中的两个例子——在这种情况下，信息是关于相关汽车或电器的使用成本与其他汽车或电器的使用成本的比较。另一个例子是美国教育部的高校记分卡（College Scorecard），它旨在促进更好的高等教育选择。记分卡提供了标准化的信息，让未来的大学生能够比较美国每个学位授予机构的成本、毕业率、贷款违约率、借款金额和就业情况。

尽管（或许是因为）提供替代产品的标准化信息的好处显而易见，但并没有大量研究来检验这些信息是否会产生影响。然而，一些证据确实表明，比较性信息和其他干预措施是有效的。这因为它克服了"比较的摩擦"，这种摩擦被理解为当人们试图独自在提供的产品和选项之间进行比较时所面临的摩擦。在一项随机的现场实验中，在两种联邦医疗保险的药物计划之间进行选择的老年人被随机挑选出来，他们各自会收到一封带有个性化、标准化、可比较成本信息的信函。[55] 干预组中有 28% 的人改变了计划，而对照组中只有 17% 的人改变了计划，而且干预导致了收信人预期消费成本平均每年下降约 100 美元。然而，请注意，这种干预结合了许多不同的方面（比较性和个性化的信息），所以我们不能孤立地用单一的机制来解释其有效性。

在一项具有启发性的研究中，潜在的发薪日借款人，除了已经依照惯例知悉发薪日贷款的银行贷款年利率（通常约为 450%）外，还被提供了其他类型贷款成本的比较信息。[56] 在一种处理中，发薪日贷款的典型银行贷款年利率，与消费者可能熟悉的其他贷款进行了对比，例如汽车贷款（典型的银行贷款年利率为 18%）、信用卡（16%）和次级抵押贷款（10%）。在另一种处理中，将两周至三个月的发薪日贷款的美元成本与低得多的信用卡债务的美元成本进行了对比。第三种处理提供了领取发薪日贷款并最终续借贷款的人群所占（高）比例的信息。结果显示，美元成本信息条件对贷款启动和贷款金额的影响最大，尽管该影响有一点温和，且只有轻微的显著性。请注意，这不仅是唯一的比较性条件，而且也是唯一涉及美元信息而非百分比信息的条件。因此，美元信息可能是能增加其影响的干预措施的关键方面。事实上，一项研究没有多少金融知识的工人如何在不同费用的投资基金之间进行选择的实验也发现，选择以美元而不是百分点来表示信息的影响更大。[57]

其他研究表明，仅仅提供比较性信息不足以改善选择；信息如何分类是很重要的。在一项关于《美国新闻与世界报道》大学排名的影响的研究中，卢卡和史密斯（Luca and Smith）利用了一个自然实验，该实验是由大学排名方式的变化引起的。[58] 从1989 年到 1994 年，排名最靠前的 25 所大学是按排名顺序排列的，但接下来的 25 所大学是按字母顺序排列的（尽管会报告排名）。1995 年，《美国新闻与世界报道》开始按排名顺序列出所有排名前 50 的大学。两位作者发现，当前 50 所大学都按排名（高突显性）排序时，排名在第 1—50 名的后半部分的大学的排名变化会产生显著影响，但当重点大学按字母顺序排序时（即使报告了排名），排名变化并没有影响。[59] 显而易见的原因是，按照字母顺序排列时，必须通过一些认知工作来弄清楚排名。尽管这项工作规模不大，但人们拒绝这样做。

另一项研究考察了简化的、学校一级的学业成绩信息，对夏洛特—梅克伦堡学区家长择校的影响。[60] 该研究在简化和排序方面产生了不那么令人鼓舞的结果。在一项随机现场实验（作者报告的两项研究之一）中，随机择校的孩子的家长，在得到不同学校的学业成绩统计数据（学校根据成绩加以分类）之后，并没有比那些没有得到这些信息的家长做出了更好的学校选择。[61]

社会比较信息

媒体大亨泰德·特纳（Ted Turner）曾抱怨《福布斯》公布了一份最富有的美国人名单，但没有公布最慷慨的美国人名单，这一遗漏后来被在线杂志《Slate》所更正。研究表明，社会竞争可以鼓励慷慨。[62] 社会比较信息可以通过多种渠道运作：除了利用人类在几乎任何可以衡量的事情上都想表现出超越平均水平的自然欲望，社会比较信息还可以建立描述性规范（说明大多数人的行为，如"95%的人按时纳税"），以及禁令规范（说明人们认为应该做什么，如"95%的人认为公民应该按时纳税"）。[63]也许令人惊讶的是，描述性规范往往比禁令性规范更强大；人们通常想做的是那些别人实际在做的事情，而不是别人仅仅认为应该做的事。此外，社会比较信息提供了描述性规范，同时也可能附带有禁令性规范。

第2章讨论了奥尔科特和凯斯勒的工作。他们考察的可能是研究得最仔细的干预措施，它为房主提供了有关他们与邻居的能源使用情况比较的信息。正如我们所见，位于弗吉尼亚州的 Opower 公司与公用事业公司合作，向人们发送了一份个性化的家庭能源报告，其中包括与他们的邻居的比较（例如，"优秀""良好"和"平均以上"），并附有"节能建议"，如"把你的温度计调高两度"和"当你不在家时，把它调高一些"。对 Opower 公司干预措施的评估发现，当人们了解到自己比处于类似情况的其他人消耗了更多的能量，并得到如何减少能源使用的提示时，他们的能源使用会显著下降。[64] 尽管减幅不大（大约减少2%），但与其他旨在促进节能的标准项目相比，这种干预的成本效益更高。

然而，必须强调的是，由于该项目将比较信息与建议（有时在心理学文献中被称为"渠道因素"）结合在一起，因果机制尚未得到很好的识别，而现有的设计也不能排除这样一种可能性，即不管报告的具体内容如何，其影响仅仅是由于消费者收到报告后提高了对能源的认识。还应注意的是，几项研究发现，社会比较信息的影响很小甚至没有影响；至少还有一项研究（之前讨论过的巴尔加瓦和马诺利的研究[65]）实际上发现，社会比较信息具有反作用，将所得税抵免的领受率减少了 4.4%。

对公司和其他机构的公开评级，也会影响它们的行为。根据美国环境保护署毒物排放清单的报告，一项研究侧重研究了有毒化学品的排放。该研究考察的是，突然被纳入其相对表现被公开评级的公司行列，对公司行为的影响。[66] 研究人员发现，与那些从未被评级或评级更高的公司相比，那些最初评级较低的公司后来的表现有所改善。对同一项目的其他研究也发现了显著的影响，作者将其归因于对"环境黑名单"的恐惧。[67]

在减少学术医疗中心某些类型的利益冲突（与制药公司和设备制造商向医生赠送礼物有关的利益冲突）方面，社会比较信息似乎也起到了积极作用。美国医学生协会的"免受医药公司影响记分卡"（PharmFree Scorecard），对美国学术医疗中心的利益冲突政策进行评分，这似乎鼓励了许多学术医疗中心实施更强有力的利益冲突政策。[68] 在华盛顿特区，处方药营销成本的强制披露，降低了 2007—2010 年间制药公司的营销支出，包括给医生的礼物。此外，公布了 2009 年排名前八的医生演讲者的名字和从行业收到的金额，导致该群体在随后的一年收到的金额与对照组相比显著下降（接下来的八位演讲者的名字和行业金额未披露）。[69]

这些和许多其他例子表明，"羞辱式监管"可以成为改善企业和其他组织绩效的有效策略。[70] 与此同时，必须注意，此类监管可能会产生不良影响。媒体对学校进行的排名会产生一种自我强化的动力学，通过这种动力学，低排名会导致资源枯竭和学生素质下降，这使得学校很难甚至不可能纠正排名中发现的问题。[71] 此外，社会比较信息甚至并不总是会导致改善的愿望，至少在预期的维度上是这样的。在 Opower 的案例中，提供社会比较信息似乎确实会导致平均净用电量下降，但一些研究记录了所谓的"回旋镖"效应，即那些发现自己的用电量低于平均水平的人实际上会增加用电量。[72]

生动的展示

众所周知，生动的展示往往比枯燥的统计信息有更大的影响。[73] 这一点对信息披露政策具有重要的借鉴意义。例如，以吸烟为例，许多研究表明，在减少香烟需求方面，图文结合的警语比单独使用文本更有效，这可能是因为引发了强烈的情绪，可能是因为提高了对风险的认识，也可能是因为促进了戒烟的想法。[74] 相关图片可能令人毛骨悚然或震惊，比如病变器官的图片，而这些图片已被发现对吸烟者的影响比暗示抽象伤害的文字更大。[75] 然而，正如之前在动机性关注的语境下所讨论的，使用图示警告可能会产生事与愿违的后果：消费者可能会将他们的注意力从令人毛骨悚然的图片上转移开，从而使自己与警告信息隔绝。[76]

明智的披露和中介机构的作用

在一些情况下，语言或其背后的信息都过于复杂，令外行难以理解——证券交易附带的深奥难懂的法律披露即是其例。在另一些情况下，信息量又大得令人难以承受，不值得人们为阅读它而耗费时间——几乎没有人会在互联网上阅读隐私通知即是其例。而在其他情况下，披露既不复杂也不冗长，但其对行为的影响难以评估——对利益冲突的披露即是其例。如果医生告知患者，只要患者参加她推荐的临床试验，她就将收到介绍费，那么患者是否应该拒绝加入？要做出这一决定，需要对医生的建议是否被所披露的利益冲突所扭曲做出艰难的判断。

在所有这些情况下，没有经验的建议接受者可能会从更精明的中介的干预中受益，帮助他们理解信息。许多非营利组织，如"消费者支票簿"组织（http://www.Checkbook.org/），已经执行了这一功能。与其试图直接向消费者提供信息，披露要求可以使信息以标准化的格式提供，以便中介机构能够处理、理解信息，并（可能需要付费）以对最终用户可用的形式提供信息。这种方法可能会产生超出其实施者预期的好处。

以全球定位系统（GPS）信息为例，它以创造性和有用的方式被使用，这是支持其发布的早期拥护者从未预料到的。与这一目标相一致，奥巴马政府发起的智能信息披露计划[77]，旨在鼓励供应商披露可下载的、机器可读的信息，在某种程度上是为了让中介机构能够帮助（例如）能源和医疗消费者了解自己的行为，从而做出更明智的选择。

使生活复杂化

心理因素使得支持披露要求的标准论据变得严重复杂化。因为注意力既有限又受到动机的影响，所以披露可能会被忽略，尤其是在复杂的情况下。新披露的信息，甚至是重要的信息，可能会分散人们对旧的、可能更重要的信息的注意力。由于注意力有限和本章讨论的其他心理因素，信息披露要求在改变接受者行为方面，似乎并没有最热心的支持者所认为的那么有效。

与此同时，信息披露可能会对生产者产生重大影响，这带来了一个独立的难题：如果消费者不受信息披露要求的影响，生产者为什么会改变他们的行为？信息提供者很可能会高估信息披露对消费者可能产生的影响，部分原因是信息披露对信息提供者来说是如此具有突显性。但信息提供者或生产者也可能会因为披露出的信息而感到内疚和羞愧，它们在乎自己的声誉。由于"泄密的心"效应，信息披露即使不能改变消费者的行为，也可能会产生有益的影响。

不幸的是，对激励不一致的披露，可能会对生产者一方产生不利影响。在利益冲突被披露后，那些原本会有内在动机提供无偏差建议的建议人，可能会觉得自己在道德上有资格提供有偏差的建议。由于乞丐效应和暗示焦虑效应，在信息披露之后，接受建议的人可能会感到更大的压力，去遵循现在不那么可信的建议。

受心理学启示的策略会使信息披露更加有效。前景光明的例子包括简单化、标准化和社会比较的使用。需要进行进一步的研究，以更好地了解披露政策何时、为何、如何产生预期或非预期的后果，以及如何改进这些政策。但有一点是明确的：心理学改变一切。

注释

[1] 参见 Omri Ben-Shahar & Carl E. Schneider，*The Failure of Mandated Disclosure*，159 U. Pa. L. Rev. 647（2010）。这篇论文是下述这本优秀著作的基础：Omri Ben-Shahar & Carl E. Schneider，More than You Want to

Know（2014）。

[2] 即使信息无法核实，也可以进行一些诚恳的交流。参见：
Vincent P. Crawford & Joel Sobel, *Strategic Information Transmission*, 50
Econometrica 1431（1982）；Joseph Farrell & Matthew Rabin, *Cheap Talk*,
10 J. Econ. Persp. 103（1996）。

[3] 例如，可参见 Ulrike Malmendier & Devin Shanthikumar, *Are
Small Investors Naïve about Incentives?*, 85 J. Fin. Econ. 457（2007）。

[4] 参见 Vijay Krishna & John Morgan, *A Model of Expertise*, 116 Q.
J. Econ. 747（2001）。

[5] 参见 Carlos Jensen et al., *Privacy Practices of Internet Users: Self-
Reports versus Observed Behavior*, 63 Intl. J. Man-Machine Stud. 203
（2005）。

[6] 参见 Joseph Turrow et al., *The Federal Trade Commission and Consumer
Privacy in the Coming Decade*, 3 I/S: J. L. Pol. Info. Soc'y 723（2008）。

[7] 这种缺乏关注以及由此产生的误解，应该是不足为奇的。据
估计，54% 的隐私政策超出了 57% 的网民的掌握范围——参见 Carlos
Jensen & Colin Potts, *Privacy Policies as Decision-Making Tools: An
Evaluation of Online Privacy Notices*, in Proceedings of the SIGCHI
Conference on Human Factors in Computing Systems 471（2004）—— 而
且，有趣的是，美国消费者实际阅读隐私政策所花费的时间的总美元价
值，高达每年 6 520 亿美元。参见 Aleeccia M. McDonald & Lorrie Faith
Cranor, *Cost of Reading Privacy Policies*, 4 I/S: J. L. Pol. Info. Soc'y 543
（2008）。

[8] 参见 Roger McCarthy et al., *Product Information Presentation*, *User
Behavior*, *and Safety*, 28 Proc. Hum. Factors Ergonomics Soc'y Ann.
Meeting 81（1984）。

[9] 研究总结参见 Richard E. Nisbett & Lee Ross, Human Inference:
Strategies and Shortcomings of Social Judgment（1980）。

[10] 参见：Alexander L. Brown et al., *To Review or Not to Review? Limited
Strategic Thinking at the Movie Box Office*, 4 Am. Econ. J. Microecon.
1（2012）；Alexander L. Brown et al., *Estimating Structural Models of*

Equilibrium and Cognitive Hierarchy Thinking in the Field: The Case of Withheld Movie Critic Reviews, 59 Mgmt. Sci. 733 (2013)。

[11] 参见 Sunita Sah & George Loewenstein, *Nothing to Declare: Mandatory and Voluntary Disclosure Leads Advisors to Avoid Conflicts of Interest*, 25 Psychol. Sci. 575 (2014)。

[12] 参见 Alan D. Mathios, *The Impact of Mandatory Disclosure Laws on Product Choices: An Analysis of the Salad Dressing Market*, 43 J. L. Econ. 651 (2000)。

[13] 参见 Botond Köszegi, *Utility from Anticipation and Personal Equilibrium*, 44 Econ. Theory 415 (2010), https://doi.org/10.1007/s00199-009-0465-x。例如, 可参见: Markus K. Brunnermeier & Jonathan A. Parker, *Optimal Expectations*, 95 Am. Econ. Rev. 1092 (2005); Andrew Caplin & John Leahy, *Psychological Expected Utility Theory and Anticipatory Feelings*, 116 Q. J. Econ. 55 (2001); George Loewenstein, *Anticipation and the Valuation of Delayed Consumption*, 97 Econ. J. 666 (1987); Thomas C. Schelling, *The Mind as a Consuming Organ*, in The Multiple Self (ed. J. Elster 1987)。

[14] 参见: Niklas Karlson et al., *The Ostrich Effect: Selective Avoidance of Information*, 38 J. Risk Uncertainty 95 (2009); Nachum Sicherman et al., *Financial Attention*, 29 Rev. Fin. Stud. 863 (2016), http://dx.doi.org/10.2139/ ssrn.2120955。

[15] 参见 Rebecca L. Thornton, *The Demand for, and Impact of, Learning HIV Status*, 98 Am. Econ. Rev. 1829 (2008)。

[16] 参见 Emily Oster et al., *Optimal Expectations and Limited Medical Testing: Evidence from Huntington Disease*, 103 Am. Econ. Rev. 804 (2013)。

[17] 例如, 可参见 Yumi Iwamitsu et al., *Anxiety, Emotional Suppression, and Psychological Distress before and after Breast Cancer Diagnosis*, 46 Psychosomatics 19 (2005)。

[18] 参见 Eun Kyoung Choi et al., *Associated with Emotional Response of Parents at the Time of Diagnosis of Down Syndrome*, 16 J. for Specialists

in Pediatric Nursing 113（2011）。

[19] 参见 Theresa Marteau and John Weinman，*Self-Regulation and the Behavioural Response to DNA Risk Information：A Theoretical Analysis and Framework for Future Research*，62 Soc. Sci. & Med. 1360（2006）。

[20] 参见：Howard Leventhal，*Fear Appeals and Persuasion：The Differentiation of a Motivational Construct*，61 Am. J. Pub. Health 1208（1971）；Ronald W. Rogers，*A Protection Motivation Theory of Fear Appeals and Attitude Change*，91 J. Psych. 93（1975）；Sabine Loeber et al.，*The Effect of Pictorial Warnings on Cigarette Packages on Attentional Bias of Smokers*，98 Pharmacology Biochemistry Behav. 292（2011）。

[21] 参见 Tali Sharot，The Optimism Bias（2012）。

[22] 例如，可参见 Amos Tversky & Daniel Kahneman，*Judgment under Uncertainty：Heuristics and Biases*，in Judgment under Uncertainty：Heuristics and Biases 3，11（Daniel Kahneman et al. eds.，1982）。

[23] 参见 Bryan Bollinger et al.，*Calorie Posting in Chain Restaurants*（Nat'l Bureau of Econ. Research，Working Paper No.15648，2010），https://www.nber.org/papers/w15648。

[24] 参见 Robert Jensen，*The（Perceived）Returns to Education and the Demand for Schooling*，125 Q. J. Econ. 515（2010）。

[25] 参见 Hunt Allcott，*Social Norms and Energy Conservation*，95 J. Pub. Econ. 1082（2011）。

[26] 参见 W. Kip Viscusi，*Do Smokers Underestimate Risks?*，98 J. Pol. Econ. 1253（1990）。

[27] 参见 Paul Slovic，*Rejoinder：The Perils of Viscusi's Analyses of Smoking Risk Perceptions*，13 J. Behav. Decision Making 273（2000）。

[28] 参见 Uri Gneezy，*Deception：The Role of Consequences*，95 Am. Econ. Rev. 384（2005）。

[29] 例如，可参见 Kathleen Valley，*How Communication Improves Efficiency in Bargaining Games*，38 Games Econ. Behav. 127（2002）。

[30] 认知偏差在某些情况下也会产生类似的影响。"知识的诅咒"指的是，拥有私人信息的人往往会高估信息共享的程度。参见 Colin F.

Camerer, *The Curse of Knowledge in Economic Settings*: *An Experimental Analysis*, 97 J. Pol. Econ. 1232, 1245（1989）。作者指出："通过让更知情的行为人以为自己的知识被他人分享，诅咒有助于缓解信息不对称导致的效率低下，使结果更接近完全信息（第一最佳）的结果。在这种情况下，对个人的诅咒实际上可能会改善社会福利。"同上。

[31] 参见 Daylian M. Cain et al., *The Dirt on Coming Clean*: *Perverse Effects of Disclosing Conflicts of Interest*, 34 J. Legal Stud. 1（2005）。

[32] 参见 Daylian M. Cain et al., *When Sunlight Fails to Disinfect*: *Understanding the Perverse Effects of Disclosing Conflicts of Interest*, 37 J. Consumer Res. 836（2010）。

[33] 同上。

[34] 同上。

[35] 参见：Sunita Sah et al., *The Burden of Disclosure*: *Increased Compliance with Distrusted Advice*, 104 J. Personality Soc. Psychol. 289（2013）；Sunita Sah et al., *Insinuation Anxiety*: *Concern that Advice Rejection Will Signal Distrust after Conflict of Interest Disclosures*, 45 Pers. Soc. Psychol. B. 1099（2019）。

[36] 例如，可参见 Archon Fung et al., Full Disclosure: The Perils and Promise of Transparency（2007）。

[37] 参见 Ginger Zhe Jin & Phillip Leslie, *The Effect of Information on Product Quality*: *Evidence from Restaurant Hygiene Grade Cards*, 118 Q. J. Econ. 409（2003）。这些作者还获得证据表明，强制披露比自愿披露更有效，尽管等级卡确实带来了卫生方面的切实改善，但它们也导致检查员扭曲其评级。

[38] 参见 Thomas Gilovich et al., *The Spotlight Effect in Social Judgement*: *An Egocentric Bias in Estimates of the Salience of One's Own Actions and Appearance*, 78 J. Personality Soc. Psychol. 211（2000）。

[39] 参见 Edgar Allen Poe, *The Tell-Tale Heart*（1843）。

[40] 例如，可参见 Maureen O'Dougherty et al., *Nutrition Labeling and Value Size Pricing at Fast Food Restaurants*: *A Consumer Perspective*, 20 Am. J. Health Promotion 247（2006）。然而，也请参见 Bollinger et al.,

前注 [23]，这些作者发现对消费者选择有不小的影响。

[41] 参见 Alexa Namba et al.，*Exploratory Analysis of Fast-Food Chain Restaurant Menus before and after Implementation of Local Calorie-Labeling Policies*，2005—2011，10 Preventing Chronic Disease 1（2013）。

[42] 在两组餐厅中，主菜的平均卡路里含量没有显示出类似的变化（可能是因为有了卡路里标签，不健康的选择变得更糟了）。

[43] 参见 Pierre Chandon & Brian Wansink，*The Biasing Health Halos of Fast-Food Restaurant Health Claims：Lower Calorie Estimates and Higher Side-Dish Consumption Intentions*，34 J. Consumer Res. 301（2007）。

[44] 参见 Jessica Wisdom，*Promoting Healthy Choices：Information vs. Convenience*，99 Am. Econ. J.：Applied 159（2010）。

[45] 参见 Richard G. Newell et al.，*The Induced Innovation Hypothesis and Energy-Saving Technological Change*，114 Q. J. Econ. 941（1999）。

[46] 参见 Paul Waide，Energy Labeling around the Globe，paper presented at Energy Labels—A Tool for Energy Agencies（Oct. 19，2004）。

[47] 参见 Cynthia L. Estlund，*Just the Facts：The Case for Workplace Transparency*，63 Stan. L. Rev. 351（2011）。

[48] 参见 Susanna Kim Ripken，*The Dangers and Drawbacks of the Disclosure Antidote：Toward a More Substantive Approach to Securities Regulation*，58 Baylor L. Rev. 139（2006）。

[49] 参见 Saurabh Bhargava & Dayanand Manoli，Psychological Frictions and the Incomplete Take-Up of Social Benefits：Evidence from an IRS Field Experiment，105 Am. Econ. Rev. 3489（2015）。

[50] 参见：Jennifer Thorne & Christine Egan，*An Evaluation of the Federal Trade Commission's EnergyGuide Appliance Label：Final Report and Recommendations*，American Council for an Energy-Efficient Economy（2002），http://aceee.org/research-report/a021；Stephen Wiel & James E. McMahon，*Governments Should Implement Energy-Efficiency Standards and Labels-Cautiously*，31 Energy Pol'y 1403（2003）。

[51] 参见 Richard G. Newell & Juha V. Siikamäki，*Nudging Energy Efficiency Behavior：The Role of Information Labels* 1—41（Nat'l Bureau of Econ.

Research，Working Paper No.19224，2013），https://www.nber.org/ papers/ w19224。

[52] 参见同上；Appliance Labeling Rule，72 Fed. Reg. 6，836（Feb. 13，2007）（16 C.F.R. pt. 305）。然而，在这项研究中，有15%的消费者表示，二氧化碳信息的存在，降低了他们支付较低运营成本的意愿。这一令人惊讶的结果可能是对"环境问题"的政治反应的产物，并可能反映出这些反应如何对能源效率的采用产生负面影响。参见 Dena M. Gromet et al.，*Political Ideology Affects Energy-Efficiency Attitudes and Choices*，110 Proc. Nat'l Acad. Sci. 9314（2013）。

[53] 参见 Steven K. Dallas et al.，*Don't Count Calorie Labeling Out*，29 J. Consumer Psychology 260（2018）。

[54] 例如，可参见 Christopher K. Hsee et al.，*Preference Reversals between Joint and Separate Evaluations of Options：A Review and Theoretical Analysis*，125 Psychol. Bulletin 576（1999）。

[55] 参见 Jeffrey Kling et al.，*Comparison Friction：Experimental Evidence from Medicare Drug Plans*，127 Q. J. Econ. 199（2012）。

[56] 参见 Marianne Bertrand & Adair Morse，*Information Disclosure，Cognitive Biases，and Payday Borrowing*，66 J. Fin. 1865（2011）。

[57] 参见 Justine S. Hastings & Lydia Tejeda-Ashton，*Financial Literacy，Information，and Demand Elasticity：Survey and Experimental Evidence from Mexico*，1—34（Nat'l Bureau of Econ. Research，Working Paper No.14538，2008）。

[58] 参见 Michael Luca & Jonathan Smith，*Salience in Quality Disclosure：Evidence from the U.S. News College Rankings*，22 J. Econ. Mgmt. Strategy 58（2013）。

[59] 同样，Pope 发现，医院（以及医院内专科）排名的变化对患者数量有重大影响，即使排名所依据的连续得分（可以说是对同一事物的更精细的衡量）没有显著的额外影响。参见 Devin G. Pope，*Reacting to Rankings：Evidence from "America's Best Hospitals"*，28 J. Health Econ. 1154（2009）。

[60] 参见 Justine S. Hastings & Jeffrey M. Weinstein，*Information，School*

Choice，*and Academic Achievement*：*Evidence from Two Experiments*，123 Q. J. Econ. 1373（2008）。

[61] 然而，这个自然实验确实支持了这样一种观点，即给父母邮寄有关学校绩效的信息（尽管有些复杂）确实有助于改善他们的择校决定。

[62] 在一项设计精巧的实验中，Duffy 和 Kornienko 发现，与"收入"锦标赛（受试者根据自己的收入进行排名）相比，连续玩"独裁者游戏"的受试者，在慷慨锦标赛中（受试者被公开从最慷慨到最不慷慨进行排名）的付出更多，尽管没有与赢得锦标赛相关的奖励。参见 John Duffy & Tatiana Kornienko，*Does Competition Affect Giving?*，74 J. Econ. Behav. Org. 82（2010）。

[63] 参见 P. Wesley Schultz et al.，*The Constructive*，*Destructive*，*and Reconstructive Power of Social Norms*，18 Psych. Sci. 429（2007）。

[64] 参见：Hunt Allcott & Todd Rogers，*The Short-Run and Long-Run Effects of Behavioral Interventions*：*Experimental Evidence from Energy Conservation*，104 Am. Econ. Rev. 3003（2014）；Hunt Allcott，Social Norms and Energy Conservation，95 J. Public Econ. 1082（2011）。

[65] 参见 Bhargava & Manoli，前注 [49]。

[66] 参见 Aaron K. Chatterji & Michael W. Toffel，*How Firms Respond to Being Rated*，31 Strategic Mgmt. 917（2010）。

[67] 参见 Archon Fung & Dara O'Rourke，*Reinventing Environmental Regulation from the Grassroots Up*，25 Env. Mgmt. 115（2000）；James T. Hamilton，Regulation through Revelation（2005）；Shameek Konar & Mark Cohen，*Information as Regulation*：*The Effect of Community Right to Know Laws on Toxic Emissions*，32 J. Env. Econ. Mgmt. 109（1997）。

[68] 参见 Sah & Loewenstein，前注 [11]。

[69] 参见 The George Washington University School of Public Health and Health Services，Pharmaceutical Marketing Expenditures in the District of Columbia，2010（2012），http://doh.dc.gov/sites/default/files/dc/sites/doh/publication/attachments/pharmaceutical_marketing_expenditures_in_the_district_of_columbia_2010.pdf。

[70] 参见 Mary Graham，*Regulation by Shaming*，Atlantic Monthly，Apr. 2000。

[71] 参见 Wendy Nelson Espeland & Michael Sauder，*Rankings and Reactivity：How Public Measures Recreate Social Worlds*，113 Am. J. Soc. 1（2007）。

[72] 参见 Schultz et al.，前注 [63]；亦见 Dora L. Costa & Matthew E. Kahn，*Energy Conservation "Nudges" and Environmentalist Ideology：Evidence from a Randomized Residential Electricity Field Experiment*，11 J. Eur. Econ. Ass'n 680（2010），该文发现共和党人增加了他们的能源使用量。

[73] 例子可参见 Nisbett & Ross，前注 [9]。

[74] 参见：Ron Borland et al.，*Impact of Graphic and Text Warnings on Cigarette Packs：Findings from Four Countries Over Five Years*，18 Tobacco Control 358（2009）；David Hammond et al.，*Effectiveness of Cigarette Warning Labels in Informing Smokers about the Risks of Smoking：Findings from the International Tobacco Control（ITC）Four Country Survey*，15 Tobacco Control iii19（2006）；Michelle M. O'Hegarty et al.，*Reactions of Young Adult Smokers to Warning Labels on Cigarette Packages*，30 Am. J. Preventive Med. 467（2006）；James F. Thrasher et al.，*Estimating the Impact of Pictorial Health Warnings and "Plain" Cigarette Packaging：Evidence from Experimental Auctions among Adult Smokers in the United States*，102 Health Pol'y 41（2011）。

[75] 参见 Zain Ul Abedeen Sobani et al.，*Graphic Tobacco Health Warnings：Which Genre to Choose?*，14 Int'l J. Tuberculosis Lung Disease 356（2010）。

[76] 例子参见 Sabine Loeber et al.，*The Effect of Pictorial Warnings on Cigarette Packages on Attentional Bias of Smokers*，98 Pharmacology Biochemistry Behav. 292（2011）。

[77] 参见 Cass R. Sunstein，Simpler：The Future of Government（2013）。

第4章　听到错误的东西 *

波士顿凯尔特人队已故的伟大教练雷德·奥尔巴赫（Red Auerbach）喜欢说："这不是你说的，而是他们听到的。"当政府强制要求披露产品的某种成分或特性时，消费者"听到"了什么？他们可能会听到与政府打算传达的完全不同的东西。其结果可能对生产者和消费者都造成严重的福利损失。

例如，想象一下，政府强制发布香烟致癌的警告。消费者会听到，"危险！不要买！！"这正是政府希望消费者听到的。在这种情况下，政府根据科学证据得出结论，相关产品或成分对消费者有害。它正试图利用披露强制命令来传达这一信息，并减少对有害产品的需求。

然而，在其他情况下，政府并不想发送"危险！"信号。例如，想象一下，政府要求披露食品是转基因食品还是生物工程食品。在这种情况下，可能没有科学依据来断定这种成分或特性是有害还是无害。强制披露可能是出于这样一种信念，即消费者有权知道他们购买的是什么，无论其成分或特性是否有害。也可能是受到利益集团的压力。或者政府可能认识到某种与健康风险无

---

* 本章系与 Oren Bar-Gill 与 David Schkade 合著。

关的社会价值（比如，显示产品销售国的信息）或道德承诺（比如，显示产品带来的动物福利）。

或者，也许有一些初步证据表明可能会造成伤害，但这还远远不足以引起"危险！不要买！"的警告；也许只是一个弱得多的信息："只有一些初步的、不确定的担忧理由。还不知道该不该买。"近年来，美国环境保护署已经认真考虑将某些化学品列为"值得关注的化学品"，这并不是因为有任何接近权威的证据表明存在健康风险，而是因为初步证据显示了一些征兆，而且一些官员认为将这一事实告知公众是个好主意。到目前为止，美国政府拒绝提供这样一份清单，部分原因是担心人们会得出下述错误的推断："危险！不要买！"这个问题很普遍。在许多情况下，消费者可能会听到"危险！"，尽管政府根本无意发出这种警告。

每当政府决定强制要求披露产品的成分或特性时，消费者都会面临一个推断问题。消费者对产品的披露后信念将受到以下影响：（1）消费者的披露前信念；（2）消费者对政府信息准确性的估计；（3）消费者对政府动机的信念。[1] 假设在了解政府强制披露的决定之前，消费者相当确定该成分或特性是有害的。例如，消费者可能认为尼古丁会上瘾。如果是这样的话，信息披露的强制要求将对消费者信息披露后的信念产生最小的影响（也许根本没有影响）。又或者，假设在披露之前，消费者基本确定某一成分或特性是无害的，认为（比如说）转基因食品不会带来健康风险。同样，信息披露的要求对消费者信息披露后的信念影响也很小（可能根本没有影响）。当消费者已经充分了解情况，或认为他们已经充分了解情况时，政府强制披露信息的决定所产生的附加信号几乎没有或根本没有影响。对事情真相相当确定的消费者，将不会受到强制性披露的影响。

现在来看看消费者不确定某种成分或特征是否有害的案例。我们可能讨论的是转基因食品；含有反式脂肪，或者使用双酚 A（BPA）和双酚 S（BPS），这两种化学物质被一些人认为具有重大的风险。在这种情况下，政府强制披露信息的决定，将具有更大的影响力。当然，这可能是个好机会。但这也意味着，我们最应该担心的是，当许多消费者不确定成分或特征是否有害时，强制要求披露的决定可能会产生误导。在许多领域，消费者（或其中的许多人）确实是不确定的，因为潜在的问题是技术性的、复杂的，或受到竞争性（但似乎是合理的）解释的影响。

政府关于该成分或特性是否有害的证据的感知质量或准确性，也会影响消费者的披露后信念。当人们认为政府拥有更好的信息时，强制披露信息的决定自然会更具影响力。由此可见，公众所感知的、决定强制披露的政府机构的专业性，将影响消费者从任何此类强制中得出的推断。而这一切都是理所应当的：当消费者认为政府拥有更好的信息和更专业的知识时，他们应该会更加重视政府强制披露信息的决定。当消费者过高（或过低）估计政府信息的质量或其专业知识水平时，就有理由担心披露要求会误导消费者。

最后，或许也是最有趣的一点是，公众所感知的、政府强制披露的动机，将对消费者从强制披露决定中得出的推断产生重大影响。如果消费者认为政府要求披露是因为它发现产品是有害的，他们自然更有可能改变对产品有害性的看法。相比之下，如果消费者认为政府要求披露信息是因为政府相信知情权，或者是因为政府屈服于利益集团的压力，那么他们就不太可能改变自己对产品危害性的看法。同样，这一切也都是理所应当的。

这样做的风险在于，强制披露信息的决定会误导消费者。当消费者误解了政府的动机时，就会产生这样的担忧——例如，如果他们认为政府决定强制披露是因为它得出了产品有害的结论，而事实上，强制披露的动机是相信知情权，就会对消费者产生误导。关于转基因食品，几项研究发现，这种担忧是真实存在的。一项研究发现，关于转基因食品的信息披露会显著恶化消费者对转基因食品安全性的看法，即使政府不打算产生这种效果。[2] 一项相关的研究发现，披露信息会带来错误推断的严重风险。[3] 美国政府本身就担心在这种情况下消费者可能有被误导的风险。2015 年，美国食品和药物管理局指出：

> 当考虑到整个标签或加标签行为的上下文时，声明可能是虚假的或具有误导性的……它表明或暗示一种食品或成分更安全、更有营养，或者与其他类似食品具有不同的属性，因为该食品不是转基因食品。例如，如果一袋特定类型的冷冻蔬菜的标签上注明它们"不是通过现代生物技术生产的"，那么它就可能是具有误导性的，如果除了这一声明外，标签上包含的语句或简介还表明或暗示：由于不是通过现代生物技术生产的，这些蔬菜就比其他食物更安全、更有营养；或者仅仅因为这些食物不是用现代生物技术生产的，它们就具有不同的特性。[4]

福利成本

错误推断的福利成本是什么？撇开定量的评估不谈，定性的答案是显而易见的。错误的推断会导致对风险的误解。消费者会高估或低估与某种产品成分或特性相关的风险。过高估计风险的消费者可能会拒绝购买该产品。相反，他们会购买其他不那么有吸引力的替代品（或决定不购买任何这类产品），而这将降低他们的福利。低估风险的消费者可能会购买产品，而实际上他们应该购买风险较低的替代品。同样，结果将是他们的福利减少。

在决定是否强制披露时，政府机构必须将错误推断的福利成本与未强制披露的福利成本进行比较。在没有强制披露的情况下，消费者可能得不到充分的信息，也就是说，他们将承受低估或高估风险的痛苦。问题在于，披露前的错觉比披露后的误解更好还是更坏。为了回答这个问题，区分表 4.1 中描述的三种情形是有帮助的。

表 4.1　披露前错觉与披露后误解

情形	披露前错觉	披露后误解
1	低估风险	更少的低估风险
2	低估风险	高估风险
3	高估风险	更多的高估风险

在情形 1 中，信息披露前的消费者受到风险低估的影响，而强制披露降低了风险低估的程度。消费者的风险估计在披露后更接近于客观正确的估计，因此他们的购买决策更有效率，他们的福利也更高。在情形 2 中，信息披露前的消费者会低估风险，而信息披露后的消费者会高估风险。在这两种情况下，购买决策都是扭曲的：在披露前购买过多，而在披露后购买不足。对消费者福利的影响在理论上是不确定的，需要通过实证研究来证明。在情形 3 中，信息披露前的消费者有过高的风险估计，而信息披露

加剧了这种偏见。消费者的风险估计在披露后离客观正确的估计更远，因此他们的购买决策效率更低，福利也更低。

量化当然具有挑战性。但至少在原则上，上述分析有助于监管机构直接实施。调查研究可以提供关于披露前后误解的方向甚至程度的信息。根据这一信息，情形 1 和情形 3 中的政策规定很简单：前者要求披露，后者则不要求披露。情形 2 提出了一个更困难的问题。在没有披露的情况下，对风险的低估会导致对产品的过度消费，而披露会导致对风险的过高估计，从而导致对产品的消费不足。比较这两种误解的严重程度很重要，但还不够。即使低估比高估小，也可能对消费产生更大的影响。理想情况下，监管机构应该评估需求对风险感知的弹性（并强调，这种弹性对于风险的低估和高估可能有很大的不同）。如前所述，调查可以提供相关信息。如果无法获得足够的信息，监管机构应按照标准做法，坦率地承认不确定性。当无法量化且仍存在重大不确定性时，监管机构有一些有用的策略，包括使用下限和上限。[5] 在某些情况下，可以想象，现有的知识将使人们难以决定披露的好处是否足以证明付出披露成本的合理性。

抵消错误的推断

从监管机构的角度来看，探究是否可以通过更多披露或改进框架来打击错误推断也很重要。如果是这样，福利成本就会减少或消除。一个问题是：自愿披露是否可以提供纠正？另一个问题是：补充性披露是否应该被强制执行？

假设有一项命令要求所有在其产品中使用 BPH（一种假想的

化学物质）的卖家在其包装上加上 BPH 标签，并假设这一披露命令不是基于 BPH 对消费者有害的证据。含 BPH 产品的销售者将有明确的动机去教育消费者并让他们相信 BPH 是无害的（或者，至少没有相反的证据证明其有害）。这个问题可能并不是假设性的。在美国，转基因食品的销售商就可能想要进行广告宣传活动，或者披露这样的信息："没有证据表明转基因食品对人类健康有害。"

然而，出于两个原因，这种自愿披露可能并不总是会发生。首先，这可能是徒劳的，甚至会适得其反。一份关于转基因食品未被发现对人类健康有害的声明，将转基因食品和"有害"放在了同一句话中。许多消费者可能不会因为两者被相提并论而放心，他们的担忧甚至可能加剧。理性的卖家会考虑这种可能性。其次，必要的信息引发了一个集体行动问题：如果所有的转基因食品销售者都能从这样的宣传活动中获益，那么单个销售者将不愿意投资数百万美元在宣传活动中教育消费者转基因食品的安全性。也许一个行业组织可以解决这个集体行动问题，或者也许一个简单的标签，包括一个纠正声明，将带来超过成本的利益（如果将"转基因"和"有害"相提并论的负面影响可以解决的话）。

那么联邦机构是否应该强制要求进行某种纠正性的披露，以抵消错误推断的风险？例如，如果担心转基因生物的披露会导致风险高估，政府可以强制要求补充性披露："最好的科学证据表明转基因生物没有健康风险。"在合理的假设下，这样的强制披露是有意义的。它将减少错误推断的福利成本，而不会给那些没有做出这种推断的人带来成本（假设披露的成本本身是适度的）。一个问题是：前文指出的、与"有害"相提并论的负面影响问题，是否意味着强制披露将是无效的或适得其反的？另一个问题是：错误推断造成的福利损失的程度是多大，以及是否可以通过自愿行动减少或消除这种损失？如果损失很大，如果自愿行动不够，如果可以通过纠正性的强制披露成功地消除损失，那么这种强制披露就值得考虑。

注释

[1] 对一个类似的推断问题的研究，参见 Juanjuan Zhang, Policy and Inference：The Case of Product Labeling（Sept. 23，2014）（unpublished manuscript），http://jjzhang.scripts.mit.edu/docs/Zhang_2014_GMO.pdf。Zhang 报告了一项有趣的初步实证研究。该研究表明，在强制披露转基因生物信息后（与不采取行动相比），人们感知到了更高的风险。

[2] 同上。

[3] 参见 Oren Bar-Gill et al., *Drawing False Inferences from Mandated Disclosures*，3 Behavioural Public Policy 209（2019）。

[4] 参见 US Food and Drug Administration，Guidance for Industry：Voluntary Labeling Indicating Whether Foods Have or Have Not Been Derived form Genetically Engineered Plants 7（2015）。

[5] 参见 Cass R. Sunstein，*The Limits of Quantification*，102 Cal. L. Rev. 1369（2014）。

第 **5** 章　道德错误 *

　　到目前为止，我们主要关注的是人们寻求信息的情况，因为这些信息会影响到他们的生活。但在很多情况下，人们需要信息，或者政府要求信息披露，是为了改善他人的生活。披露的重点是道德。它是为了帮助那些被剥夺、受伤、脆弱或处于危险中的人。披露信息是一种给予利益或减少伤害的方式，同时也允许或鼓励人们表达他们的道德信念。此外，信息披露可能是一种引发或加强道德关注的努力，并以此改变社会规范。

　　当这样的担忧激发了信息披露，爆米花很可能就会被毁了。买一部贴有标签的手机，上面写着"工人们在制造这款手机的过程中受到了虐待"，或者买一种标有"你要吃的牛受到了可怕的对待"的肉制品，或者买一件贴有"制造这款产品的女性遭到了性骚扰"标签的衣服，这可能不会令人愉快。也许出于这个原因，处理对第三方不利影响的标准办法，是强调积极影响。产品可能被贴上"无虐待""动物福利认证""人道认证"或"有机"的标签。无论信息是消极的还是积极的，问题依然存在：出于道德动机的信息的实际影响是什么？应该强制披露吗？什么时候披露合适？

---

*　本章系与 Eric Posner 合著。

纠正错误

为了使这些问题具体化，请考虑以下情况：

1. 美国国会已指示美国证券交易委员会（SEC）发布一项规定，以确保披露"冲突矿物"的信息——用于资助大规模暴行的矿物。[1] 美国证券交易委员会是否应该尝试确定信息披露的好处？它是否应该尝试具体说明披露信息对那些本来会遭受暴行的人的有益影响？美国证券交易委员会还意识到，许多消费者对相关信息感兴趣。如果有的话，美国证券交易委员会应该如何量化这种兴趣，并将其货币化？

2. 《海豚保护消费者信息法》规定了金枪鱼产品的标签标准。[2] 它包括了公司在什么情况下可以给其产品贴上"海豚安全"标签的标准。[3] 政府官员应该如何确定标签对海豚的好处？它应该提供一些数字吗？

3. 联邦法律要求美国交通部和美国环境保护署制作燃油经济性标签，标签必须包含温室气体排放的信息。这些机构是否应该量化标签在减少排放方面的效果？许多消费者非常关心汽车排放的温室气体，他们希望减少气候变化带来的危害。这些机构应该如何应对这一事实？

4. 许多消费者都很关注转基因食品。[4] 虽然他们中的一些人关心的是健康和环境，但另一些人则认为食品的基因改造是"完全错误的"。国会已经要求美国农业部给转基因食品贴上相应的标签。[5] 如果可能的话，在对该规则的好处进行分类时，该部门应该如何考虑消费者情绪？

在一些重要的情况下，政府要求披露信息，以保护儿童、其他国家的人民、某些不法行为的受害者、动物，甚至大自然。[6]在大多数情况下，信息披露的目标是减少具体的危害，如生命的丧失，这是引发道德关注的原因。在某些情况下，很难甚或不可能确定具体的危害，但人们仍然倾向于将披露作为表达和实现道德承诺的一种方式。这里的主要问题是，监管机构应如何考虑这些承诺。图 5.1 显示了一些我们能想到的披露类型的例子。

图 5.1　道德动机标签：（a）海豚安全标签；（b）无冲突矿物标签；
（c）燃油经济性标签；（d）非转基因标签

评估福利影响

当第三方面临风险时，核心问题很简单：披露的福利效应是什么？当然，主要的好处是相关的第三方。这才是最重要的。他们真的得到了帮助吗？得到了多少帮助？例如：包含温室气体排放信息的燃油经济性标签，会产生什么样的影响？

从第 2 章开始，我们应该已经熟悉了分析的中心特征。第一个问题是消费者反应的程度。人们会购买更省油的汽车吗？有多少人会买？有多省油？第二个问题是应对措施对排放的影响。温室气体排放量减少了 1%、2%，还是 5%？第三个问题是这种减少排放对预期变暖的影响。第四个问题是对人类健康、经济增长、动物福利和濒危物种等问题的最终影响。在美国，政策制定者试图通过"碳的社会成本"来将这些影响货币化，奥巴马政府的碳社会成本约为每吨二氧化碳 40 美元，特朗普政府的碳社会成本约为每吨二氧化碳 6 美元。

无论人们如何看待这些数字，回答这四个问题都是令人望而生畏的，但如果我们的目标是了解披露要求的实际目的，那么回答这四个问题是必要的。可以肯定的是，评估燃油经济性标签对温室气体排放的影响，尤其具有挑战性。但在某些情况下，机构拥有足够的信息，能够在确定披露要求对第三方的影响方面取得实际进展。它们可以预测消费者可能的反应，根据这些反应，它们可以预测现实世界中的影响。如果他们做不到以上预测，那么盈亏平衡分析可能是他们能做的最好的方法。

在成本方面，分析与我们在第 2 章中看到的几乎相同，只是有一些变化。与往常一样，我们需要知道披露的纯粹经济成本，这可能包括标签的生产和基础信息的验证。在某些情况下，这些成本可能相当高，至少在涉及众多产品的情况下是这样。以转基因食品为例，美国农业部预计第一年的成本高达 39 亿美元，经常性年度成本一般在 1 亿美元左右。原则上，我们还应该考虑消费者的认知负担，尽管也许经济上的等价物足够低，可以被安全地忽略。

此外，消费者还承受着享乐负担。如果消费者在得知有关他们喜爱或享受的产品的负面信息时会受到影响，他们就会付出代价，而且代价可能很高。这应该包括在内吗？有趣的是，答案并不明确。一方面，这是一种真正的福利损失。人们变得没那么开心；他们也可能会感到沮丧。在计算福利时，如果要考虑到实际发生的所有事情，就必须考虑到这一点。当人们得知从道德角度困扰他们的真实信息时，会经历痛苦。但是，从道德的角度来看，政府是否应该把这种痛苦视为一种损失，这一点是完全不清楚的。如果人们知道爆米花会使他们发胖，这是一回事；而如果人们知道爆米花是通过工人受到虐待的过程生产出来的，那就另当别论了。有一个很好的论点认为，监管机构不应该关注因了解真相而遭受的痛苦所带来的享乐损失。

但是，如果消费者没有购买他们本来想要的产品，或者他们从一种产品转向了另一种产品，他们会遭受怎样的损失呢？例如，假设消费者不购买他们真正喜欢的汽车，因为它排放了大量的温室气体，所以他们转向了他们不太喜欢的汽车。或者假设人们只吃有公平贸易标签的巧克力，尽管他们更喜欢没有标签的巧克力。在这种情况下，消费者会蒙受损失。这些成本必须计算在内。

维护道德承诺

还有一个更奇怪的问题。[7] 许多消费者希望他们的道德承诺得到维护。他们主要致力于帮助他们希望受益的人；这不是自私。但如果他们的道德承诺得到了维护，他们自己也会因此受益。为了获得这种收益，监管机构很可能会问：人们愿意为履行自己的道德承诺支付多少钱？也许有证据可以回答这个问题。例如，人们可能愿意为减少温室气体排放支付 200 美元。

当然，询问支付意愿似乎有些刺耳，因为道德要求什么这个问题，通常不会通过询问人们愿意为促进自己的道德承诺支付多少钱来回答。但从福利主义的角度来看，回答这个问题既相关又重要。假设消费者约翰关心各种各样的事情，包括他的寿命、健康、舒适和海豚。假设他的福利的一个重要组成部分是海豚的福利。如果它们受苦，他也会受苦。但他到底受了多少苦呢？在这里和其他地方一样，尽管存在局限性，但他的支付意愿可能是最好的衡量标准。

碰巧的是，这类问题已经在狗的背景下进行了实证研究。在美国，家庭每年在宠物身上的花费约为 7 000 万美元。但它们值多少钱呢？有细致的研究调查了狗主人，询问他们愿意支付多少钱来降低他们的狗所面临的死亡风险。[8] 具体而言，研究人员向狗主人询问了旨在降低犬类流感死亡风险的支付意愿。一只狗的生命价值——或者更准确地说，"一只狗的统计生命价值"——被证明是 1 万美元。这一数字明显低于人类的相应数字；如前所述，后者大约是 900 万美元。尽管如此，研究表明人们还是愿意花很多钱来避免（他们自己的）狗的死亡风险。这一发现有力地表明，人类愿意花真金白银来拯救非人类的生命。

的确，对于拯救生命的政策来说，最重要的是被拯救的生命，而不是那些试图拯救他们的人的感受。如果目标是防止在其他国家发生大规模暴行，那么美国人为防止大规模暴行付出代价的意愿很难抵消防止大规模暴行的福利效应。但是，人们的福利很可能会受到其道德承诺的实现或受挫的影响，甚至受到严重影响，这可以从支付意愿中看出。如果人们因为其他国家的人、他们自己的孩子、强奸受害者、海豚以及子孙后代的痛苦或死亡而失去福利，那么他们的福利损失应该被计算在内。

可以肯定的是，这种福利损失可能很难衡量，而且在许多情况下，它可能相对较小，甚至微不足道——尤其是因为人们的预算约束可能意味着，他们不愿意花很多钱来维护任何特定的道德承诺。但原则上，没有理由拒绝在成本收益分析中纳入人们为保护此类承诺而支付的意愿。

如何在成本收益分析中解决人们的道德承诺问题是非常重要的，这不仅是因为许多法规促进了道德目标的实现。机构面临的问题是，当国会命令它们推进这些目标时，国会很少就私营部门在实现这些目标的过程中应该承担的成本水平提供指导。美国证券交易委员会估计，对冲突矿产的监管将使行业损失约 50 亿美元。在它看来，这是相关法规要求行业为此付出的代价，以加强对冲突矿产资源使用情况的披露。[9]

但是，如果一种稍微更有效的监管，也符合基本法规，将花费 500 亿美元或 5 000 亿美元呢？如果一种稍微不那么有效的监管，同样符合基本法规，将花费 10 亿美元或 20 亿美元呢？美国证券交易委员会是否应该让私营部门承担巨大的成本，仅仅为了改善一小部分信息披露？如果机构试图量化监管的道德利益，它们将能够更好地以非武断的方式决定监管的严格程度。在某些情况下，道德利益的货币化将证明加强监管是合理的。

为了理解这个问题，比较一下简和山姆。简患有海鲜不耐受症，因此当食品标签上标明产品中是否含有微量的海鲜时，她会受益匪浅。在《食品过敏原标签和消费者保护法》通过之前，她从专卖店购买无海鲜添加的有机食品，每年要比超市里出售的同类食品多花大约 1 000 美元。[10] 有了这项法律，简现在可以在超市购物了，她每年至少因此节省了 1 000 美元，可以用这笔钱购买她过去买不起的商品和服务。只要她将这笔钱用于储蓄和消费，1 000 美元的金额就是法律对她的幸福影响的合理近似值；这很可能是一个下限。

山姆没有食物不耐症，但他非常关心海豚的健康。他每年向一家慈善机构捐赠 1 000 美元，该机构游说立法机构保护海豚种群免受用于捕获金枪鱼的漂网的伤害。当国会颁布《海豚保护消费者信息法》时，山姆非常高兴。但他不确定法律是否会影响他的慈善捐赠。他仍然关心海豚，并认为他捐赠的 1 000 美元可能会被用来游说制定更严格的禁止漂网的法律或其他一些有助于海豚的法律。但他也需要偿还抵押贷款。

《食品过敏原标签和消费者保护法》直接改善了简的幸福状况。但是《海豚保护消费者信息法》能改善山姆的幸福水平吗？一个有趣的观点是，虽然法律有助于推进山姆的一项道德承诺，但它并不会影响他的福祉。它不能改善他的健康或安全，不能给他提供商品或服务来消费，也不能（直接）增加他的财富。另一种表达这一观点的方式是，想象一个像山姆这样的人消失的世界。没有人再关心海豚了。尽管如此，不必要地用漂网捕杀海豚仍然是错误的。功利主义者可能会认为动物的福祉具有独立的道德重要性。[11] 事实上，这是边沁的观点 [12]，我也同意。但即使

是不信奉功利主义的哲学家也常常认为，客观的道德现实是存在
的，并不取决于人们在任何特定时刻的道德信念。例如，他们认
为奴隶制在道德上是错误的，即使社会上没有人，甚至奴隶本身
也不相信奴隶制在道德上是错误的。根据这种观点，海豚的道德
价值并不取决于山姆是否存在，也不取决于赞同山姆的人是多
是少。

这种观点似乎有一个令人惊讶的含义：监管机构必须考虑简
的自私偏好，而忽视山姆的道德信念。要理解这一论点，就要考
虑边沁主义的观点。如果有 10 万只海豚存在，那么它们的继续
存在就具有道德价值，反映了这些海豚的福祉。如果我们把山姆
的 1 000 美元慈善捐款作为他愿意为保护海豚而支付的近似值，
这就意味着海豚存在的道德价值是 1 000 美元。如果有 1 000 人
同意山姆的观点，那么他们的道德价值就是 100 万美元。如果山
姆这样的人消失了，从成本收益分析来看，海豚的道德价值将跌
至零。

但正如我们所看到的，海豚的道德价值并不是关心海豚的人
数的函数。这意味着成本收益分析不应将山姆的支付意愿视为海
豚的道德价值的反映。根据这种观点，负责实施《海豚保护消费
者信息法》的监管机构，应该进行成本收益分析，但在这样做的
时候，它应该忽略道德评价。可以肯定的是，在致力于提升海豚
福祉的过程中，道德观点很重要，值得独立考虑。但山姆的道德
观点无关紧要。

这个结论是不正确的。第一点也是更次要的一点是，当山姆
向海豚慈善机构捐赠 1 000 美元时，他可以花在自己身上的钱就
少了 1 000 美元。如果我们想精确一点，就需要分析山姆的动机。

如果规定让山姆把这笔钱全部花在了自己身上，那么这项规定确实让他多赚了 1 000 美元。如果一项有助于海豚的法规使山姆重新考虑他的道德观中的优先顺序，并把钱捐给其他地方，那么就很难知道它是否以及在多大程度上改善了山姆的幸福。

但还有一个更为根本的问题，与这个问题直接相关。假设山姆的主观福利受到海豚身上发生的事情的影响。当他听说它们被漂网捕获时，他经历了幸福的损失，可能陷入了某种痛苦或不快乐。这种同理心是一种心理反应，类似于厌恶、愤怒和恐惧，它与山姆的幸福高度相关。当然，原则上，成本收益分析应该考虑到保护自己所关心的动物对人们产生的积极心理影响。人们愿意花钱来改善它们的福利，而情绪状态是福利的重要组成部分。（回想一下关于狗的数据，这表明人们愿意花很多钱来降低狗的风险。）

因此，如果整个海豚种群被消灭，或者如果大量的海豚被杀死，那么就会产生两种不同的影响：道德效应和福利效应。（当然，道德效应是一种福利效应，但它不涉及消费者，甚至不涉及人类。）这两种影响都应该考虑。如果海豚被消灭，就发生了道德上的错误，这与对人类的福利影响无关。海豚的灭绝也会给关心海豚的人们带来不快或其他福利损失，从而损害人类福利。至少在原则上，这种危害是可以衡量的，当然，这也是关心海豚的人口规模的一个函数。

简而言之，这里有一个核心主张：当监管机构分析披露要求的福利效应时，反映人们在看到自己的道德信念得到维护时会获得多少利益的估值，应该被监管机构纳入考虑。这些估值很难涵盖所有重要的因素，但它们是全面核算的一个重要方面。

大规模暴行和消费者选择

在《多德—弗兰克法》中，国会要求美国证券交易委员会发布法规，要求公司披露其使用冲突矿物的情况。这些矿物是在刚果民主共和国和其他国家开采的，在这些国家武装组织通过管理和勒索采矿活动为自己提供资金。[13] 美国证券交易委员会发布了这些规定，但在法庭上遭到了全美制造商协会（NAM）的质疑。全美制造商协会认为，由于美国证券交易委员会没有进行充分的成本收益分析，根据《行政程序法》，这些规定是武断和不合理的。尽管美国证券交易委员会计算了监管对行业的成本，但它并未估算监管的好处，理由是这样做不可行。法院驳回了全美制造商协会的主张，即该机构的分析在法律上是不充分的。[14]

美国证券交易委员会得出结论认为，信息披露制度将对行业造成 30 亿至 40 亿美元的一次性成本，以及每年 2.07 亿至 6.09 亿美元的额外成本。[15] 与此同时，美国证券交易委员会解释说，它"无法容易地量化"这些好处。[16] 主要原因并不在于将相关收益转化为货币等价物，而是在于即使在进行货币化之前，也很难知道这些收益可能是什么。

美国证券交易委员会认为，无法预知披露信息是否会减少刚果民主共和国的暴力事件，以及如果会的话，会减少多少。因果关系链漫长而复杂：（1）消费者须得阅读或了解披露的信息；（2）这些信息将须得促使他们减少从使用冲突矿产的公司购买；（3）需求的减少须得足以促使公司转向非冲突矿产供应商；（4）刚果民主共和国武装组织的收入损失须得促使他们放下武器，进行和平谈判。如果（4）发生了，或者发生了类似的事情，我们还需要知道到底会发生什么。考虑到所有这些，美国证交会得出结论，任何量化的努力都注定要失败。作为一个法律问题，它强调国会已授权它采取行动，因此，通过颁布法律，实际上就已经确定了利益是充分的。

法院支持该机构的决定。[17] 在法院看来，该法规不需要经过成本收益分析，因为国会要求该机构无论分析结果如何都要采取行动。无论如何，该机构并没有武断地得出结论，认为监管的道德价值无法量化，也无法用货币来衡量。法院补充道："即使人们可以估算最终规则的直接结果是挽救了多少人的生命或阻止了多少次强奸，这样做也是毫无意义的，因为以美元衡量的规则成本将产生一种类似苹果同砖块的比较。"[18]

美国证交会称它无法估计生活在刚果民主共和国的人民的收益，法院认为这一结论并不是武断的。法院的判断当然是有根据的。基于公认的推测性的假设，收益有可能为零——披露制度不会对刚果民主共和国的战斗产生任何影响，甚至会剥夺诚实的采矿业务的收入，从而剥夺非常贫穷的工人的工资，进而产生不利影响。当然，同样是基于公认的推测性的假设，收益也有可能非常高。从理论上讲，甚至在仔细研究了证据之后，也很难对收益水平有信心。

但还有另外一点。假设许多美国人认为，美国公司在道义上有义务在经营中不使用冲突矿物。或者假设许多美国人认为，他们有道德义务不使用含有冲突矿物的产品。因此美国公司应该向他们披露他们的产品是否含有冲突矿物，以便美国人能够避免使用这些产品，如果他们愿意的话。应该如何来看待这样的道德考量？

美国证券交易委员会可能已经做出了一些努力，以确定美国人愿意为这些道德问题支付多少钱。在这项规定的背景下，问题是美国人从公司使用冲突矿物或不使用冲突矿物中获益多少。美国人愿意花多少钱来获取这些信息？调查信息可以粗略地回答这个问题。这些公司本身也可能掌握信息。有很多方法可以获得间接的见解。首先，一般来说，美国人是否会阅读或获取此类披露信息？其次，如果美国人知道一家公司使用冲突矿物，他们会停止使用该公司的产品吗？

我们有理由怀疑，公司反对这项规定与其说是基于合规成本，不如说是担心如果美国人知道他们使用冲突矿物，他们的销售将下降。如果是这样的话，美国证券交易委员会可能会要求这些公司根据市场数据估算出该监管规定可能对销售产生的影响。

当然，经过货币化的、监管的道德收益可能很小。试想一个叫琼的美国人，她支付 420 美元购买一部手机，因为它不是用冲突矿物制造的，而不是用 400 美元购买一部完全相同的、用冲突矿物制造的手机。我们推断，琼愿意支付至少 20 美元以避免使用冲突矿物，但也可能是这样的情况：由于价格上涨，琼的境况变糟了，损失达到 20 美元。然而，在我们给定的这个例子中，收益并不是零；按净收益计算，琼的境况变好了。她偏好比较贵的手机。其他像琼这样的人可能会认为，如果监管的结果是人们对含有冲突原材料的产品的使用减少，他们会过得更好。原则上，可以利用调查来估算监管的总体福利收益。人们确实从帮助他人中获得了快乐的益处——所谓助人为乐。这些好处应该被计算在内。

最重要的一点还在别处。当信息披露的动机是出于道德考虑时，政府机构应该尽其所能来确定，信息披露实际上是会抵消道德错误，还是会产生道德价值，以及程度如何。有这样一种风险存在：出于道德动机的披露要求仅仅是表达性的，产生一种感觉，即某些事情已经完成的错觉，但实际上并没有帮助到任何人。尽一切可能去理解可能的后果，非常重要。

注释

[1] 参见 Conflict Minerals，77 Fed. Reg. 56，274，56，277—78（Sept. 12，2012）（codified at 17 C.F.R. pts. 240 and 249b）。

[2] 参见 16 U.S.C. § 1385（2012）。

[3] 同上。

[4] 参见 Sydney E. Scott et al.，*Evidence for Absolute Moral Opposition to Genetically Modified Food in the United States*，11 Persp. Psychol. Sci. 315，316（2016）。

[5] 参见 National Bioengineered Food Disclosure Standard，Pub. L. No.114—216（2016）（codified at 7 U.S.C. § 1621 et seq.（2016））。

[6] 参见 Denis Swords，*Ohio v. United States Department of the Interior*：*A Contingent Step Forward for Environmentalists*，51 La. L. Rev. 1347（1991）。关于理论议题，参见 Robert Goodin，Green Political Theory（1992）。

[7] 关于这些问题的详细讨论，参见 Eric Posner & Cass R. Sunstein，*Moral Commitments in Cost-Benefit Analysis*，103 Va. L. Rev. 1809（2017）。更简短的论述，参见 Cass R. Sunstein，The Cost-Benefit Revolution（2017）。本书借用了这两处讨论。

[8] 参见 Deven Carlson et al.，Monetizing Bowser：A Contingent Valuation of the Statistical Value of Dog Life（2019），https://www.cambridge.org/core/journals/journal-of-benefit-cost-analysis/article/monetizing-

bowser-a-contingent-valuation-of-the-statistical-value-of-dog-life/86EB 120F86F7376DC366F6578C8CFEF1。

[9] 参见 Conflict Minerals，77 Fed. Reg. 56，274，56，333—36（Sept. 12，2012）（codified at 17 C.F.R. pts. 240，249b）。

[10] 参见 21 U.S.C. § 343（w）（2012）。

[11] 参见 Peter Singer，Animal Liberation 5—7（1975）。

[12] 参见 Jeremy Bentham，An Introduction to the Principles of Morals and Legislation 282—83（J. H. Burns & H. L. A. Hart eds.，1996）。

[13] 参见 15 U.S.C. §§ 78m（p）（2012）。

[14] 参见 Nat'l Ass'n of Mfrs. v. SEC，748 F.3d 359，369—70（D.C. Cir. 2014）。

[15] 参见 Conflict Minerals，77 Fed. Reg. 56，274，56，334（Sept. 12，2012）（codified at 17 C.F.R. pts. 240 and 249b）。

[16] 同上，页 56，350。

[17] 参见 National Ass'n of Mfrs.，748 F.3d at 370。

[18] 同上，页 369。

第 **6** 章　估计 Facebook 的价值

　　如果你想要信息，你可能会上网去获取。其中一些具有工具价值。如果你想知道如何从一个地方到另一个地方，可以使用谷歌地图。如果你想知道如何处理扭伤的脚踝，你可以在网上找到很多有用的信息。或者你也可以上网学习让你高兴的东西，即使你不会使用到它。如果你喜欢学习流行音乐的历史，你完全可以在网上学习它。

　　许多可用的信息都是抽象的，但也可以获得个性化的信息。基于一些基本事实，你可以推算出你的预期寿命。你可以了解很多关于你的健康风险、经济前景，甚至性格的东西。与十年前相比，现在可以获得的信息更加详细。而十年后可以得到的将比现在可以得到的更加详细。

　　在这一章中，我们将涉及很多领域，在一开始就提出主要观点是很有用的。有证据表明，平均而言，使用 Facebook 会让人们不那么快乐，更容易抑郁，更容易焦虑，对生活更不满意。这种影响不应被夸大。这种影响不大。但这是真实的。与此同时，那些已经停止使用 Facebook，并经历了明显的幸福感提升的人，非常想继续使用 Facebook。事实上，他们会要求很多钱来放弃 Facebook。这是为什么呢？我们不确定，但一个合理的解释是，使用 Facebook 的体验，包括使用它提供的信息，是有价值的，即使它不会让人们更快乐。无知并不是福。人们都知道这一点。他们想要相关的信息，因为他们喜欢甚至珍视与相关的人联系的感觉。

必须强调的是，社交媒体不仅仅提供信息，至少并不仅仅提供本书所强调的那种意义上的信息。你可以使用 Facebook 与家人或朋友联系。你可能认为你会了解到一些对你的经济状况或健康很重要的东西，也可能不这么认为。但社交媒体在某种程度上是关于信息传播的，即使对这一范畴的理解要比本书迄今为止所理解的要广泛得多。一个核心问题是：社交媒体到底有多大价值？

在社交媒体上，很多相关信息都是免费的，至少你可以不花钱就获得这些信息。但你可能也会付出注意力和数据流量的代价。Facebook 和 Twitter 等公司从广告中获得收入。但是，鉴于持续存在的争议，有关改变商业模式的讨论一直在进行，即有人主张商业模式应改为要求用户为使用相关平台及其提供的服务付费。[1] 这些讨论还伴随着关于这些平台的适当经济估值的更多理论性探讨。如果人们需要付费才能使用 Facebook 的话，他们愿意花多少钱？

这些答案会告诉我们一些关于社交媒体和一般信息的价值的重要信息。回答这些问题可能也有助于回答一些更基本的问题，关于经济估值，关于某些消费决策的潜在表达质量，以及关于传统经济指标与实际人类福利之间的差距（第 2 章重点介绍了这一点）。答案会影响政策和监管。

行为经济学特别关注的一个普遍问题是支付意愿（WTP）和

接受意愿（WTA）之间的潜在差异。如果我们对福利感兴趣，那么最好的问题是人们愿意花多少钱来使用（比如）Facebook，或者他们会要求多少钱来停止使用它？人们对禀赋效应进行了大量的研究。[2] 禀赋效应表明，人们为放弃某些商品所要求的补偿，远远超过他们最初为获得这些商品所付出的代价。禀赋效应是有争议的，至少在其领域、来源和规模方面存在争议。[3] 我们可能想知道：使用社交媒体的支付意愿是否比不使用社交媒体的接受意愿更大？如果是这样，标准解释是否可以解释任何此类差异？

　　一个同样普遍、甚至更为基本的问题，涉及支付意愿或接受意愿的度量与人类福利之间的关系。我们已经看到，在经济学中，人们通常会说，人们购买商品的支付意愿是衡量拥有这些商品所带来的福利效应的最佳方法。当然，支付意愿是实际市场中的衡量标准。然而，回想一下，要得出一个支付意愿数字，人们必须解决一个预测问题，也就是说，他们必须预测商品对他们福利的影响。解决这个问题似乎很容易，特别是对于人们熟悉的商品（鞋子、衬衫、肥皂）。但对于某些商品来说，找到解决方案可能特别困难，比如人们可能对不熟悉的商品缺乏经验。人们怎么可能用一种货币指标来衡量一种他们从未拥有过的商品可能带来的福利效应呢？

　　对许多人来说，Facebook、Twitter、Instagram（图片分享应用程序）和其他社交媒体平台一点都不陌生。人们在这方面有很多经验。但出于我们将要探讨的原因，社交媒体用户并不容易用金钱来衡量这些平台的价值。在社交媒体语境下对支付意愿的理解告诉我们，在信息寻求的背景下，支付意愿和福利之间的不确定联系是普遍存在的，这应该会促使人们对福利效应进行更直接的探究。支付意愿仅仅是复利效应的一个代理变量，在某些情况下，它并不是一个好的代理变量。任务是要找出确切原因，并设计出替代品。我的目标是在这项任务上取得一些进展。

超禀赋效应

2018 年 4 月，我进行了试点实验，初步回答了一些估值问题。通过使用亚马逊的 Mechanical Turk 众包平台，我询问了 439 名不同年龄段的 Facebook 用户使用 Facebook 为他们带来多少价值。[4] 更具体地说，我问了 215 名 Facebook 用户一个简单的问题："假设你必须为使用 Facebook 付费。你每个月最多愿意出多少钱？"与此同时，我问了其他 234 名 Facebook 用户一个不同的问题："假设有人给你钱让你停止使用 Facebook。你每月至少要拿多少钱，才能让你觉得停止使用 Facebook 是值得的？"

第一个问题是关于支付意愿的，而第二个问题是关于接受意愿的。根据标准经济学理论，这两个问题的答案应该是相同的。但行为经济学家已经表明，在重要的情况下，他们不会得到相同的答案。[5] 在许多实验中，接受意愿大约是支付意愿的两倍。这是禀赋效应的证据，这意味着人们想要抓住他们已经拥有的东西，并且珍视他们所拥有的远比他们所没有的要多，即使这两种商品是一样的。[6] 例如，人们购买咖啡杯或彩票的花费比要求他们放弃自己已经拥有的咖啡杯或彩票的花费要少。[7] 我想问的一个问题是，使用社交媒体是否会观察到禀赋效应；另一个问题是它的规模如何。

对于支付意愿，中位数答案是每月 1 美元，平均为 7.38 美元。最引人注目的是，近一半（46%）的参与者表示，他们愿意为一个月的 Facebook 使用支付零美元。在支付意愿的语境下，Facebook 的估值极低。许多用户似乎认为它毫无价值！

相比之下，接受意愿的回答中位数为每月 59 美元，平均为 74.99 美元。[8] 在接受意愿的语境下，Facebook 具有真正的价值，而且并不小。可以很容易看到，支付意愿和接受意愿之间的差距非常大。我们可以称之为"超禀赋效应"。这与之前的研究中经常观察到的 1:2 的比例形成了对比（当然也与货币代币、为转售而持有的商品，以及（有时）具有明确经济价值的商品没有禀赋效应的发现形成了对比）。[9]

在第一次调查之后，我做了一个更大的调查，包括一个具有全国代表性的样本。该调查还是将人们分成两组，问同样的两个问题。但它关注的是各种各样的社交媒体平台，包括那些不使用这些平台的人。结果与试点调查的结果大体一致，但在不同平台之间存在一些有趣的差异。

对于整个人群来说，支付意愿中位数为 5 美元，平均值为 16.99 美元；接受意愿的数字要高得多，分别是 87.50 美元和 89.17 美元。Facebook 用户的数据也很接近：支付意愿的中位数为 5 美元，平均值为 17.40 美元；接受意愿用户的中位数为 64.00 美元，平均值为 75.16 美元。对于那些不使用 Facebook 的人来说，他们的支付意愿的中位数为 4 美元，平均值为 16.70 美元；这些人接受意愿的答案出人意料地高，中位数为 98.50 美元，平均值为 98.90 美元（不使用 Facebook 的人相对较高的平均值的原因未知）。

其他社交媒体平台的模式也大体类似。为了简单起见，表

6.1 数据仅展示了实际用户的结果：

表 6.1　各社交媒体平台上的调查结果

平　　台	支付意愿 中位数 （美元）	支付意愿 平均值 （美元）	接受意愿 中位数 （美元）	接受意愿 平均值 （美元）
Instagram	5	21.67	100	102.60
LinkedIn	8	25.71	99	97.80
Pinterest	5	20.97	100	102.92
Reddit	10	27.73	99	97.73
Snapchat	5	24.92	100	106.20
Twitter	5	19.94	100	104.18
WhatsApp	10	34.90	100	101.16
YouTube	5	17.27	88	90.78

对于所有接受测试的社交媒体平台来说，其模式惊人地相似。最重要的是，支付意愿远低于接受意愿，有时其比率（中位数）达到 1:20。我不知道还有哪个领域支付意愿和接受意愿之间的差距有这么大。

这种巨大的差异引发了一个难题，我将很快讨论这个问题。为了进行比较，考虑环境条件是有用的。在这些环境条件下，在调查中也观察到支付意愿和接受意愿之间有很大的差异。[10] 一项研究发现，人们为允许公园里的树木被破坏而提出的补偿要求，大约是他们为防止这些树木被破坏而愿意支付的费用的 5 倍。[11] 当猎人被问及野鸭栖息地可能遭到破坏时，他们说他们愿意平均支付 247 美元来防止损失，但会要求不低于 1 044 美元的赔偿。[12] 在另一项研究中，参与者提出补偿费用来接受因空气污染造成的能见度下降，这一数字是他们为防止同样的能见度下降而愿意支付的费用的 5—16 倍以上。[13] 这些差异并不像在社交媒体环境中观察到的那么大，但也非常大。

浪费时间

我们后文会回到环境领域。在社交媒体调查中，最明显的谜题是支付意愿的中位数非常低（许多人表示他们愿意分文不花）。人们有理由认为，对于许多数字产品来说，至少在调查中可以观察到类似的低支付意愿。这是个谜题。从实际行为来看，社交媒体似乎对用户有真正的价值。人们每周会在社交媒体上花去许多个数小时，这似乎表明它们的估值为正。但是，对于其中很大一部分人来说，这个值是零或者接近零，这合理吗？

一种可能性是，对于这样的人来说，社交媒体是他们使用的好东西，但是他们也会在反思时认为社交媒体是无用的或无价值的。Facebook可能是一种消磨时间的方式，可能是一种习惯，甚至可能让人上瘾，但人们可能仍然认为，做点别的会更好。因此，有一些商品，我们称之为"浪费时间的商品"，在选择和估值之间存在着有趣但可以解释的差异。人们会选择使用或消费"浪费时间的商品"，但其实他们不愿意为继续这样做的权利付出太多。

在我看来，"浪费时间的商品"是真实的、重要的，且有待研究。对于一些用户来说，社交媒体很可能就是这样的商品。但我推测，用这些术语不能充分或完全地解释较低的支付意愿数字。支付意愿数据偏低的原因可能是，那只是一种态度的表达。对一些人来说，它们具有"抗议性答案"的性质，在某种程度上，它们根本不是衡量使用Facebook、Twitter或YouTube的福利效应的可靠指标。简而言之：由于不用支付任何费用就可以使用这些平台，人们非常不喜欢按月付费的想法。当人们说他们不愿意支付任何费用或只愿意支付稍高一点的费用时，他们实际上是在宣布："如果你要开始向我收费，那就想都别想了！"如果原来参照点一直为零，突然收取费用（即使是很小的价格上涨）将被认为是不公平的，尤其是因为这是相对于现状的损失。[14]

对于那些说他们只会每月支付一小笔钱（比如5美元）的人而言，也可能会有类似的说法。他们可能已经表达了对突然不得不购买长期以来免费的东西的不满。因此，有理由认为，低中位数的支付意愿，并没有提供使用社交媒体平台的福利效应的合理信息。

我们从这个角度回到环境研究。很容易想象，对清洁空气或清洁水的研究也会产生令人费解的低支付意愿数字，而且是出于同样的原因：曾经免费享用的商品，现在正受到某种形式的收费。损失厌恶无疑也在这方面发挥了某种作用。如果人们被要求支付高于参照点的费用（在本例中为零），他们就会反抗。他们可能会认为这种改变是不公平的，会因此提出抗议。如果是这样，那么对调查问题的回答是否能够预测真实市场中的实际行为，就成了值得研究的问题。人们可能会说他们不会支付任何费用，或者在调查中给出一个非常低的数字，而一旦到了价格真的出现的时候，他们可能会愿意支付更多。在一段时间后，或者在常规被改变后，他们可能会克服他们最初的愤怒情绪。情况是否如此以及在何种程度上如此，当然是一个实证的问题。

但在前面列出的环境研究中，真正的谜题来自较高的接受意愿值。总的来说，这些数字可能是福利效应的一个值得怀疑的代理指标。一个原因是，在环境方面，较高的接受意愿数字可能反映了一种道德愤怒（同支付意愿为零的答案一样，是一种态度的表达）。关于环境物品（清洁的空气、安全的饮用水、濒危物种），接受意愿的问题无疑会触发道德关切，并产生他们自己的抗议性答案。允许濒危物种的成员消失，或让空气变得更脏，以换取一定数额的金钱，有些人可能会认为这在道德上是令人憎恶的。用金钱换取这样的损失，可能被视为一种禁忌的权衡。

当道德问题不存在时，当人们被问到他们愿意在多大程度上接受放弃一些他们享有的权利时，比如休假时间的权利时，也可以找到抗议性答案。有些人可能会想："再多的钱也不能让我放弃我的假期时间！"[15] 在某些情况下，人们可能会对"某个人物"试图付钱让他们停止他们计划做的事情感到不满。他们的不满情绪很可能表现在较高的接受意愿数字上（包括社交媒体的使用）。

同样，还有一个问题，调查问题中的答案，是否以及在多大程度上会映射到实际行为。在一个假设性的调查环境中，拒绝钱是很容易的，但是当真金白银摆在眼前时，就很难这么做了。尽管如此，即使在市场环境中，道德关切或权利意识也可能会得到表达。[16]

还有另外一点，它涉及机会成本。支付意愿问题将机会成本放在认知桌面上，至少在大多数情况下对许多人来说是这样：当人们被问及他们愿意为某物支付多少钱时，他们通常会考虑用这笔钱还能做什么。接受意愿的问题就不同了。当人们说他们会要求一大笔钱来放弃他们拥有的一些好东西（咖啡杯、彩票）时，他们可能不会关注这些钱的潜在用途。[17] 因此，我们有理由怀疑，在回答第二个问题时，高中位数是否足以说明使用社交媒体平台的福利效应。

福利

这些观点表明，作为以前免费提供的数字产品的福利效应的度量指标，支付意愿和接受意愿的调查都存在严重的局限性。对于支付意愿问题，很可能会找到表达性的答案，而怨恨情绪可能会影响接受意愿问题的答案。

当然，在实际市场中，可能会出现不同的结果。《纽约时报》和《华盛顿邮报》等一些媒体已经转向付费订阅，而不是像以前那样提供免费内容。在调查中，通过行为观察得出的支付意愿，可能远远低于实际的支付意愿。对于以前免费服务的用户来说，最初的怨恨会导致某种表达性的反应，但经过一段时间，这种怨恨可能会消退，人们转而会支持福利计算——在这种计算中，人们将决定商品对自己的价值。正如我所指出的，调查中得出的支付意愿或接受意愿数据，与行为中观察到的数据有多大的差异，以及在什么时候和多大程度上存在差异，仍有待确定。

在一项更为详细的研究中，布林约尔松（Brynjolfsson）等人试图通过询问消费者是否愿意（a）保持对该平台的访问，还是（b）放弃一个月以回应特定的付款，来评估 Facebook 的使用价值。[18] 在他们的方法中——离散选择实验——他们要求人们在两个确定的选项中进行选择，并选出他们更重视的选项。重要的是要看到，离散选择实验应该可以避免支付意愿和接受意愿的一些扭曲。[19] 同时，它无法避免一种禀赋效应：回答相关问题的人要么是、要么不是问题商品的当前"所有者"。

布林约尔松等人还使用了一个具有全国代表性的大样本，仅限于 Facebook 用户。放弃 Facebook 一个月的中位数答案，大约为 40—50 美元（显著高于我的支付意愿答案，显著低于我的接受意愿答案）。布林约尔松等人意识到他们研究中的各种技术限制，所以没有坚持这些特定的数字。但他们确实大力主张，包括社交媒体在内的数字产品正在产生巨大的、可货币化的好处，而这些好处没有包括在 GDP 等传统的福利衡量标准中。这一结论既重要又可信。尽管如此，添加两个限制条件还是很重要的。

首先，我自己的调查表明，无论生成什么数字，都将是所使用的特定方法的产物。如果不同的方法产生不同的数字，那么决定哪一个是经济价值的最佳衡量标准将是一个挑战。对于免费提供的商品，支付意愿数字可能不可靠，因为它们很可能反映了人们对被要求支付此类商品的不满。接受意愿的数字要好一些，但它们也存在上述问题。如果目标是捕捉福利效应，离散选择实验可能是最好的，但就向当前用户提出的相关问题而言，它们将体现一种禀赋效应。

更基本的一点是，我们需要更好的方法衡量这些商品对人们体验到的幸福感的影响。[20] 布林约尔松等人将他们令人印象深刻的论文命名为《使用大规模在线选择实验来衡量幸福感的变化》，但他们所测量的显然不是幸福。充其量，他们只是在衡量对幸福的预测。[21]

人们可能愿意每月支付 5 美元来获得使用 Facebook 的权利，或者要求支付 100 美元来放弃这一权利。在离散选择实验中，中位数可能是 50 美元。但是 Facebook 对他们的实际体验有什么影响呢？他们是更多还是更少地享受了生活，还是并没有发生变化？这些是更重要的问题。支付意愿和接受意愿的数字以及离散选择实验的结果，最好被理解为反映了以货币表达的、人们对幸福感影响的预测。再说一遍：实际效应才是最重要的。[22]

花钱让人更难过

纽约大学的亨特·奥尔科特（Hunt Allcott）领衔的另一组经济学家，试图探索这些实际影响。他们发现，离开 Facebook 似乎能增加人们的福祉（并显著减少政治两极分化）。[23] 正如我们将要看到的，这里有一个真正的谜团。

2018 年 11 月，奥尔科特和他的合著者首先询问了 2 884 名 Facebook 用户，他们收到需要多少钱才愿意停用自己的账户四周，直到中期选举结束。为了使实验便于操作，研究人员专注于其中大约 60% 的用户，这些用户表示，他们愿意以低于 102 美元的价格停用自己的账户。研究人员将这些用户分为两组：干预组被支付去停用 Facebook；而对照组则不然。两组成员都被问及一系列问题，探讨离开 Facebook 如何影响他们的生活。

最惊人的发现是，即使在这么短的时间内，那些停用账户的人似乎也因此更享受自己的生活。在回答调查问题时，他们表示自己的抑郁和焦虑程度显著降低，他们在幸福感和生活满意度方面也有显著改善。这是为什么呢？其中一个原因可能是，停用 Facebook 给了人们一个很好的礼物：平均每天多出大约 60 分钟。那些离开社交平台的人在这段时间里与朋友和家人在一起，也会独自看电视。有趣的是，他们并没有花更多的时间上网（这意味着，与你可能预期的相反，他们并没有用 Instagram 等其他社交媒体平台来取代 Facebook）。

离开 Facebook 也导致人们对政治的关注减少。干预组的人在回答有关最近新闻事件的问题时不太可能给出正确答案。他们也不太可能说自己关注政治新闻。或许正因为如此，停用 Facebook 导致了政治两极分化的显著减少。在政治问题上，与对照组相比，干预组中的民主党人和共和党人之间的分歧更小。（这并不是因为这两个群体不同，两组随机选择的成员都同样愿意为了合适的钱而放弃使用 Facebook。）我们有理由推测，当人们在 Facebook 页面上了解政治时，他们所看到的内容是向他们喜欢的方向倾斜的，从而导致了更大的两极分化。

在这一点上，我们可以合理地认为，就我们对"幸福"的正确理解而言，离开 Facebook 确实会改善幸福感。但还有一个严重的复杂因素。在没有 Facebook 的一个月后，用户在另一个月内被要求停用账户时索要的中位数金额仍然相当高：87 美元。美国有 1.72 亿 Facebook 用户。假设中位数用户需要 87 美元才能放弃使用该平台一个月，简单相乘后就能发现，该平台为美国人提供了巨大的利益。如果每个用户每月获得相当于 87 美元的福利，那么每年的总金额将达到数千亿美元。

考虑到这一发现，奥尔科特和他的合著者给出了一个强有力的结论：Facebook 以数千亿美元收益的形式产生了"巨大的消费者剩余流"，而用户无需为此支付任何费用（至少不用支付金钱）。但这可能是不对的。回想一下，那些停用账户的人报告称，他们在多个维度上表现得更好——更快乐，对生活更满意，更少焦虑，更少抑郁。因此，这是一个真正的悖论：Facebook 用户每个月都愿意放弃一大笔钱，让自己更痛苦！

悖论

为了解决这个悖论，考虑两种可能性。首先，重要的是人们的实际经验。当人们说，他们将要求 87 美元以放弃使用 Facebook 一个月时，他们犯了一个大错误。这个数字可能反映了一个简单的习惯（也许人们只是习惯了在生活中使用 Facebook），或者是一种普遍的社会规范，甚至是一种上瘾。第二种可能性是，当人们说他们将要求 87 美元时，他们根本没有犯错误。他们正在告诉我们一些关于他们价值观的重要信息。

错误的预测

从第一种可能性开始思考。使用社交媒体平台的人可能不知道他们正在感到悲伤或焦虑。他们可能只是缺少某种信息。他们上网可能是因为这是他们社交圈的常态，也可能是因为上网已经成为一种习惯。和其他上瘾一样，问题可能在于不上网的痛苦是巨大的；上网并非仿佛就是一件愉快的事。当他们改掉习惯或戒掉网瘾时，他们的生活就会更好。当他们要求收到 87 美元才愿意停止使用 Facebook 一个月时，他们只是犯了一个错误。

如果是这样的话，那么令人不解的是，为什么他们在远离 Facebook 的情况下度过了相当不错的一个月之后，还是会要求这么多。答案可能在于他们没能解决一个预测问题。回想一下，当人们购买商品或服务时，他们通常是在预测福利效应。我们已经看到，如果商品是熟悉的，如果选择者对它有经验，预测问题可能不会那么严重。但是，我们也看到，即使在这种情况下，如果要妥善解决预测问题，也有其他方面的因素需要考虑。选择者必须弄清楚钱的其他用途的福利效应。这是一项复杂的工作。

从某种意义上说，选择者处于社会计划者的位置，正如弗里德里希·哈耶克所讨论的那样：他面临着严重的知识问题。假设计划者正试图决定商品的价格或数量，如鞋子、袜子、钢笔、手机、汽车。正如哈耶克所指出的，问题在于，反映众多人的判断和品味的市场，将包含大量分散的知识，而这些知识是那些试图设定价格或决定数量的计划者所无法获得的。在一个维度上，个体选择者的情况是类似的。问题是，在时刻1，选择者可能对时刻2、3、4、5、6……可能的体验知之甚少。选择者在决定支付多少钱时，可能缺乏关于这些物品的重要信息。选择者也可能缺乏关于未来自我的信息，也就是关于他会是什么样的人，会喜欢什么东西。如果人们在相关的方面会发生改变，那么这个问题就会尤其严重。

正如我所强调的，对于一些选项来说，知识问题会比另一些选项更难解决。在香草冰淇淋和巧克力冰淇淋之间做出选择时，人们知道他们最喜欢什么，从这个意义上说，他们了解什么会提高他们的福利。他们对金钱的其他用途也有一种粗略而现成的认识；即使他们没有这种认识，也不会利害攸关。但对于许多选项来说，人们缺乏经验。去百慕大度假是什么感觉？去看《蒙娜丽莎》呢？去洛杉矶最好的餐厅吃饭呢？患有耳鸣或慢性支气管炎呢？患心脏病呢？失去一个孩子呢？预测问题令人生畏。然而，支付意愿要求人们努力解决这个问题，尤其是当他们决定支付多少钱来消除风险时。

对于社交媒体平台来说，其中一些问题会消失。用户有相关经验，因为这些平台是他们生活的一部分。因此，如果可以清除掉表达性的值，我们可以相信支付意愿或接受意愿指标，我们可以认为离散选择实验告诉了我们一些重要的事情。即便如此，福利才是最重要的价值，而货币金额，无论多么诱人，都不太可能告诉我们需要知道的一切。如果人们遵循一种社会规范或面临某种成瘾行为，那么货币估值与福利效应之间可能存在巨大的脱节。社交媒体可能会让人们的生活变得更糟，即使他们愿意为此买单。

人们看重什么

潜在的数据提出了另一种可能性，这种可能性同样重要。关于个人幸福感的调查答案（包括焦虑和抑郁）并没有抓住人们真正关心的一切。例如，奥尔科特和他的合著者表明，Facebook 用户更了解政治。那些关注政治的人可能会变得更加焦虑和沮丧，但仍然有很多人关注政治。他们追随政治不是为了快乐。他们关注政治是因为他们好奇，因为他们认为这是好公民应该做的。同样，Facebook 用户可能想知道他们的朋友在做什么和在想什么，因为知道这些是好事，不管这些信息是否会让他们更快乐。

这里有一个重要的观点。正如我们所看到的，人们想要信息的原因往往与享乐效应无关。回想一下信息的工具价值，例如，人们会想要与健康相关的信息，即使这些信息让他们感到悲伤，因为他们可以利用这些信息变得更健康。毫无疑问，许多使用社交媒体的人喜欢这样做是出于工具性的原因，即使这会让他们感到焦虑或悲伤。但动机肯定不止于此。他们中的许多人认为，了解家庭、朋友或世界是有益的，即使这些信息不能以任何方式使用。毫无疑问，他们是在思考拥有美好或充实的生活意味着什么。拥有这种信息是有价值的，即使它没有工具价值，即使它的享乐价值是负的。

关于社交媒体平台的福利效应这一难题的答案开始浮现。[24]除了刚才描述的奥尔科特等人的研究外，研究结果既复杂又参差不齐。使用 Facebook 和其他社交媒体平台可能会对不同性格特征的人以及不同的人口群体产生不同的影响。[25]它当然对幸福感的不同组成部分也有着不同的影响。[26]此外，Facebook 并没有提供统一或单一的体验。Facebook 的不同用途，以及在平台上花费时间的不同方式，无疑会对用户的幸福感产生不同的影响。我们需要对这些问题有更多的了解。就目前而言，最重要的一点是，社交媒体的许多用户想要相关信息，不是因为它的享乐效应，而是因为他们可以使用它，因为他们喜欢与其他人联系，喜欢了解他们的生活和他们关心的事情——仅此而已。

注释

[1] 当然，关于人们的隐私是否受到侵犯，以及他们是否知道自己的信息是如何被使用的，也存在争议。相关讨论，与此处的分析有所重叠，参见 Angela G. Winegar & Cass R. Sunstein, *How Much Is Data Privacy Worth? A Preliminary Investigation*, 42 J. Consumer Pol'y 440 (2019)。

[2] 参见 Richard H. Thaler, Misbehaving (2016)。

[3] 参见 Charles Plott & Kathryn Zeiler, *The Willingness to Pay-Willingness to Accept Gap*, *the "Endowment Effect," Subject Misconceptions, and Experimental Procedures for Eliciting Valuations*, 95 Am. Econ. Rev. 530 (2005)。

[4] 该样本不具有全国代表性，但它确实具有显著的人口多样性水平。我现在正在进行一项具有全国代表性的调查（这里不是报告结果的地方），但结果与试点调查中的结果大体一致。

[5] 参见 Daniel Kahneman et al., *Experimental Tests of the Endowment Effect and the Coase Theorem*, 98 J. Pol. Econ. 1325（1998）。

[6] 参见：同上；Keith M. Marzilli Ericson & Andreas Fuster, *The Endowment Effect* 1—34（Nat'l Bureau of Econ. Research, Working Paper No.19384, 2013），http://www.nber.org/papers/w19384；Carey K. Morewedge & Colleen E. Giblin, *Explanations of the Endowment Effect: An Integrative Review*, 18 Trends Cognitive Sci. 339（2015）。

[7] 参见 e.g., Christoph Kogler et al., *Real and Hypothetical Endowment Effects when Exchanging Lottery Tickets: Is Regret a Better Explanation than Loss Aversion?*, 37 J. Econ. Psychol. 42（2013）。禀赋效应通常被归因于损失厌恶，但这一解释似乎并不完整。参见 Morewedge & Giblin, 前注 [6]。

[8] 人口统计学上的差异（性别、种族、教育程度、收入、地区）均不显著，但鉴于样本量较小，过分强调这一点是错误的。然而，我注意到，无论是男性还是女性，对第一个问题的回答中位数都是 1 美元，男性平均为 7.98 美元，女性平均为 6.92 美元；共和党人的中位数为 2 美元，平均为 11 美元；民主党人的中位数为 1 美元，平均为 8.74 美元；独立人士中位数为零，平均为 3.36 美元。在第二个问题中，男性的中位数为 57 美元，平均为 75.44 美元；女性中位数为 59 美元，平均为 74.63 美元。共和党人的中位数为 59 美元，平均为 78.25 美元；民主党人的中位数为 53 美元，平均为 71.34 美元；独立人士中位数为 60 美元，平均为 77.14 美元。

[9] Plott 和 Zeiler 在前注 [3] 中提出了一些关于禀赋效应的基础和领域的问题。相关讨论把问题讲清楚了，参见：Ericson & Fuster, 前注 [6]；Andrea Isoni et al., *The Willingness to Pay-Willingness to Accept Gap, the "Endowment Effect," Subject Misconceptions, and Experimental Procedures for Eliciting Valuations: Comment*, 101 Am. Econ. Rev. 991（2011）。

[10] 参见：Cass R. Sunstein，*Endogenous Preferences*，*Environmental Law*，22 J. Legal Stud. 217（1993）；Simon Dietz and Frank Venmans，*The Endowment Effect and Environmental Discounting*（Ctr. Climate Change Econ. Pol'y Working Paper No.264，2017），http://www.lse.ac.uk/GranthamInstitute/wp-content/uploads/2016/08/Working-paper-233-Dietz-Venmans-updateMarch17.pdf。

[11] 参见 Dan Brookshire & Don Coursey，*Measuring the Value of a Public Good：An Empirical Comparison of Elictation Procedures*，77 Am. Econ. Rev. 554（1987）。

[12] 参见 Judd Hammock & G. M. Brown，Waterfowl and Wetlands：Toward Bioeconomic Analysis（1974）。

[13] 参见 Robert Rowe et al.，*An Experiment on the Economic Value of Visibility*，7 J. Env't Econ. Mgmt. 1（1980）。

[14] 参见 Daniel Kahneman et al.，*Fairness and the Assumptions of Economics*，59 J. Bus. S285（1986）。

[15] 同上。

[16] 参见 Truman Bewley，Why Wages Don't Fall During A Recession（1995）。

[17] 参见 Shane Frederick et al.，*Opportunity Cost Neglect*，36 J. Consumer Res. 551（2009）。在环境的语境下，另一个因素在起作用：良知。如果人们被问到他们会要求多少钱来允许北极熊的灭绝，他们可能会说，没有一个数字足够高能代表北极熊灭绝的损失，或者他们可能给出的数字不是（对他们来说）破坏北极熊的福利影响，而是他们对这一可怕损失的责任感。关于这些问题，参见 Eric Posner & Cass R. Sunstein，*Moral Commitments in Cost-Benefit Analysis*，103 Va. L. Rev. 1809（2017）。

[18] 参见 Erik Brynjolfsson et al.，*Using Massive Online Choice Experiments to Measure Changes in Well-Being*（Nat'l Bureau of Econ. Res. Working Paper No.24514，2018），http://www.nber.org/papers/w24514。本书只关注他们研究的一部分；但它有许多启发性的发现。

[19] 参见 Edward McCaffery et al.，*Framing the Jury：Cognitive Perspectives on Pain and Suffering Awards*，81 Va. L. Rev. 1341（1995）。

[20] 相关的讨论，参见 Paul Dolan，Happiness by Design（2014）。

[21] 我在这里排除了一种可能性，即答案可能反映了被问及这些问题时的反应，无论是认知上的还是情绪上的，就像抗议性答案那样。

[22] 参见：John Bronsteen et al.，*Well-Being Analysis vs. Cost-Benefit Analysis*，62 Duke L. J. 1603（2013）；Cass R. Sunstein，The Cost-Benefit Revolution（2018）。关于幸福感的两个不同的成分——愉悦感与目的感——，参见 Dolan，前注 [20]。对于社交媒体的许多用户来说，愉悦感可能增加了，但目的感却没有增加。对许多使用者来说，可能既没有增加愉悦感，也没有增加目的感，而由于使用具有成瘾的性质，福利减少而不是增加了。同样，对福利效应的分析最终将导致严重的哲学问题。参见 Matthew Adler，Well-Being and Fair Distribution（2011）。

[23] 参见 Hunt Allcott et al.，The Welfare Effects of Social Media（unpublished draft 2019）。

[24] 参 见：Xiaomeng Hu et al.，*The Facebook Paradox：Effects of Facebooking on Individuals' Social Relationships and Psychological Well-Being*，8 Frontiers Psychol. 87（2017）；Sebastian Valenzuela et al.，*Is There Social Capital in a Social Network Site? Facebook Use and College Students' Life Satisfaction*，*Trust*，*and Participation*，14 J. Computer-Mediated Comm. 875（2009）；E. C. Tandoc et al.，*Facebook Use*，*Envy*，*and Depression among College Students*，43 Computer Hum. Behav. 139（2015）；Ethan Kloss et al.，*Facebook Use Predicts Declines in Subjective Well-Being in Young Adults*，PLOS One（2013），http://journals.plos.org/plosone/article?id=10.1371/journal.pone.0069841。

[25] 参见 Kloss et al.，前注 [24]。

[26] 可参见 Sebastian Valenzuela et al.，前注 [24]。

第 7 章　恶性助推

政府想要什么信息？它应该得到什么信息？政府为获取信息所做的努力应该有什么限制？这些问题似乎与强制披露的问题相去甚远，但它们确实是相关的。它们也提出了一个问题：多少信息才是太多的信息。它们也表明，强制披露信息的代价可能很高。在许多情况下，政府要求太多，在时间、挫折、金钱、尊严、有时甚至健康方面都付出了沉重的代价。

在美国，1979 年颁布的《文书工作削减法》(PRA) 提供了组织框架。[1]《文书工作削减法》旨在成为一个放松管制的法规。它的目的是尽量减少美国人民的文书工作负担，并最大限度地利用所获得的信息。其主要条款规定：

> 关于信息收集和文书工作的控制，[管理和预算办公室]主任应——
>
> （1）审查和批准机构收集信息的提议；
>
> （2）协调信息和监管事务办公室与联邦采购政策办公室对联邦采购和采购相关信息收集的审查，特别强调应用信息技术提高联邦采购、收购和支付的效率和有效性，减轻公众的信息收集负担；

（3）最小化联邦信息收集的负担，尤其是要减少那些受影响最严重的个人和实体的负担；

（4）将联邦政府或为联邦政府收集的信息的实际效用和公共利益最大化；

（5）建立并监督标准和指导方针，各机构据此评估实施拟议的信息收集方案的负担。[2]

就目前而言，最重要的规定是第 3 条和第 4 条。"最小化"一词意味着文书工作的负担不应超过促进该机构目标所必需。中心思想似乎是成本效益：在促进目标的两种方法中，必须选择负担最小的那一种方法。将"最小化"与"实际效用和公共利益最大化"结合起来，我们可以很合理地理解《文书工作削减法》提出的一种成本效益测试：文书工作负担的成本必须证明与其收益相匹配。然而，迄今为止，还没有系统性的努力来检验哪些负担能够通过这一考验。也没有机会对随意或反复无常的信息收集进行司法审查。如果一个机构任意或无正当理由地强制执行繁重的信息收集，人们也无法得到法院的帮助，尽管一般规则支持对任意行为进行司法审查。

所有这些都造成了严重的问题。消除或减少文书工作通常不被理解为放松管制的一种重要形式。但考虑到它对人类福祉的影响，减少文书工作应该被视为优先事项。

还有一点。近年来，行为科学在思考监管方面发挥了重要作用，不仅引发了学术界对各种基于行为科学的倡议的呼吁，而且还引发了多个领域的实际倡议，这些倡议通常以低成本产生巨大效益。但如果我们把注意力放在文书工作负担上，我们会对一些不同的、尚未充分探索的东西感兴趣：基于行为科学的放松管制。毫无疑问，完全理性的人，不受行为偏差的影响，也可能会受到文书工作负担的负面影响。然而，正如我们将要看到的，各种各样的行为偏差使这种负担特别有害，有时甚至是毁灭性的。

《文书工作削减法》要求管理和预算办公室（OMB）编制年度报告，并将之整合成为《美国政府信息收集预算》(ICB)。[3]《美国政府信息收集预算》对美国政府强加给公众的年度文书工作负担进行了量化。最新的官方报告发现，2015 年，美国人在联邦政府文件上花费了 97.8 亿小时。[4] 2019 年初，官方统计的数字高达 113 亿小时。[5] 这个数字几乎肯定比 2015 年的数字更准确，但由于它没有受到同等程度的内部和外部审查，我们在这里还是依赖于 97.8 亿小时的数字。

这个数字值得我们深思。假设我们召集了芝加哥的所有居民，并在接下来的一年里，要求每个人每周必须工作 40 小时，只从事一项任务：填写联邦表格。那么到那一年年底，芝加哥 270 万市民将无法完成美国人 40 亿小时的年度文书工作负担。

这 97.8 亿小时造成了重大损失。信息和监管事务办公室（OIRA）还没有试图将这些时间货币化，尽管它在 2010 年就是否要这样做以及如何这样做征求了公众的意见。[6] 如果我们把一小时的工作时间定为 27 美元（略低于政府的标准数字）[7]，那么 97.8 亿小时相当于 1 956 亿美元，这是美国国务院和交通部预算的 2 倍多，大约是教育部预算的 3 倍，大约是能源部预算的 8 倍。但货币数据仍大大低估了这个问题。行政负担可能使人们难以或不可能享有基本权利（如选举权和言论自由权）、获得执照和许可证、获得改变生活的福利，以及避免压倒性的困境。[8] 关于选择堕胎的权利，这种负担可能是决定性的障碍。它们还可能使人们难以获得劳动所得税抵免，而这是美国最有益的反贫困项目之一。简而言之，文书工作负担对人们的生活有巨大的负面影响。

理查德·H. 塞勒（Richard H. Thaler）普及了一个有用的词来形容这种负担："恶性助推"（sludge）。[9] 这个词可以用来指人们在想要朝一个或另一个方向前进时所面临的或大或小的摩擦。[10] 出于自身的原因，无论是利己还是利他，私人和公共机构都可能施加或增加恶性助推。在私营部门，公司可以利用恶性助推来增加利润。例如，人们可能想取消一份他们不再有丝毫兴趣的杂志的订阅，但要做到这一点，他们可能必须经历大量的恶性助推。

在公共部门，恶性助推可能是一种意外，但也可能是一种政治选择。人们可能想让他们的孩子参加一些有益的项目，比如免费交通或免费学校餐，但这些恶性助推可能会让他们感到挫败。例如，为了获得大学的经济资助，学生需要填写联邦学生资助免费申请表。[11] 这是一个漫长而复杂的过程，而且要求年轻人提供他们可能不知道的信息（其中一些信息在父母的纳税申报单上）。[12] 许多学生因此放弃了。投票权可能是最基本的权利，但一个充满恶性助推的登记过程会剥夺数百万人的权利。[13] 一项减少恶性助推的倡议，可以是一部《投票权法》。

大量证据表明，减轻行政负担可以对人们的生活产生重大影响。数百万人现在正受益于"全球入境计划"，该计划减少了机场安检过程的时间、麻烦和压力。针对学校的免费供餐，美国农业部采用了直接认证计划，这意味着家长根本不必麻烦地为他们的孩子报名。[14] 只要学区有足够的信息知道哪些学生符合资格，他们就会自动注册。近年来，超过 1 500 万儿童受益于该计划。

联邦学生资助免费申请表的简化，将大大增加低收入人群申请援助并最终进入大学的可能性。一些州已经采用了自动选民登记，这意味着如果符合条件的公民与州政府机构有过互动（比如，通过获得驾照），他们就将被登记为选民。在不到一年的时间里，俄勒冈州的自动登记计划产生了 25 万多名新选民，其中近 10 万人实际参与了投票。[15] 私营部门在减少恶性助推方面可以做得更多——帮助员工在医疗保健计划中进行选择；让有想法或有抱怨的消费者和员工的生活更轻松；并帮助人们避免严重的风险。

恶性助推的伤害

恶性助推会使人们难以或不可能享受或行使宪法权利。就言论自由而言，许可证制度是最明显的例子，它们是恶性助推的一种形式，因此通常是违宪的。在卫生保健领域，强加在医生和病人身上的恶性助推实际上可以杀死他们。[16] 例如，在急诊室里，恶性助推使得医生开处方帮助患者克服阿片类药物成瘾，变得不必要地困难。[17] 通过私人倡议和法律减少恶性助推的努力，可以拯救生命。

为了理解恶性助推的重要性，我们首先假设人们是完全理性的，在决定是否克服行政负担时，他们会对成本和收益进行一些计算。即使收益很高，相关的成本也可能高到难以承受。这些成本可能以不同性质的形式出现。[18] 它们可能涉及信息的获取，这可能会很困难且成本高昂。它们可能涉及时间，而人们可能没有时间。它们可能是心理上的，因为他们涉及挫折、污名和羞辱。出于上述任何一个原因，有效地处理或解决恶性助推都可能非常困难。在某些情况下，做相关的文书工作几乎是不可能的，让人们填写表格可能根本不可行。这些观点本身就足以解释许多联邦和州项目的低接受率[19]，以及人们在获得各种许可证或执照时经常遇到的巨大困难。我们甚至可以将恶性助推视为自由的障碍，尤其是当它降低或损害"适航性"时。

人人都相信救赎

行为经济学家强调的各种人类偏见，放大了行政负担的现实影响。对许多人来说，惯性是一种强大的力量[20]，而人们往往会拖延。[21] 如果人们有惰性，如果他们拖延，他们可能永远不会做必要的文书工作。现实偏差使问题更加复杂。[22] 未来往往像是一个陌生的国度，人们不确定自己是否愿意去。因此人们往往倾向于将管理任务推迟到另一天。这一天仿佛永远不会到来，即使拖延的后果相当严重。

邮寄的折扣申请表格，会产生一种恶性助推。它们为人们提供了一个获得可观利益的机会，通常是以支票的形式，但它们要求人们克服惰性。为了说明行为偏差和恶性助推之间的关系，我们来看一项关于人们未能兑换折扣申请表格的研究，这项研究有一个令人难忘的准确名称："人人都相信救赎*"。[23] 在不同的市场中，兑换率通常在10%—40%之间，这意味着绝大多数顾

---

* "救赎"的英文"redemption"，亦有"兑换"的含义。——编者注

客会忘记兑换或根本不介意。由于惰性的力量，这可能并不令人惊讶。更令人震惊的是，研究发现，人们对自己将会兑换的可能性抱有不切实际的乐观态度。在相关的研究中，人们认为他们有80%的几率在30天内兑换。实际兑换率为31%。说人人都相信兑换是夸大其辞的——但大多数人确实相信。

在同一项研究中，研究人员在不同的人群中做了三次努力来减少预测和实际兑换率之间的巨大差异。首先，他们非常清楚地告知参与者，在之前由相似的人构成的群体中，兑换率低于三分之一。其次，他们发出了两次明确的提醒，一次是在购买后不久，另一次是在兑换期限临近时。第三，他们取消了人们必须打印并签署认证页的要求，从而大大简化了兑换流程。

结果表明，这三种干预措施都没有降低人们的乐观情绪。在所有情况下，人们都认为他们有大约80%的几率会把这些表格寄出去。此外，有些令人惊讶的是，前两种干预措施对人们的实际行为没有影响。当听到其他群体的行为时，人们显然会想："那是其他群体。他们和我们有什么关系？"在其他情境下，提醒往往有效，因为它们能集中人们的注意力，减少惰性的力量。但在本例中，提醒是无用的。唯一有效的干预措施是简化，这对人们的实际行为有很大的影响。通过让填表寄回变得更简单，减少恶性助推，简化大大提高了人们采取行动的意愿。兑换率上升到54%左右，这意味着信念和行为之间的差距减少了一半。

行为偏差

相关的研究当然是相对狭窄的，但它具有很大的意义。回想一下，惰性是一种强大的力量，由于惰性，人们可能不会填写必要的表格，或者不会去面对恶性助推带来的麻烦。这就是"选择加入"设计的参与率通常比"选择退出"设计的参与率低得多的原因之一。[24] 再回想一下，现时偏差加剧了惰性，导致人们专注于短期而忽略了未来。

假设在这种情况下，根据联邦法规，个人、小企业和初创企业必须填写特定的表格，才有资格获得重要的福利或避免重大处罚。他们可能本打算这么做，但如果任务可以被推迟，或者任务繁重或困难，他们的行为就可能与他们的意图不符。实际成本可能会非常高；而感知成本可能还要高得多。我们先给出结论：联邦监管机构有必要"清理"现有的文书工作负担，以确保它们不会造成意外伤害。这就是恶性助推审计（Sludge Audit）的理念。

选举权可能是最基本的权利，联邦法律要求各州在以迁居为由（如果选民尚未确认迁居）将选民从选举名册上除名之前，必须事先邮寄表格（"回执卡"）。[25] 每个州都可以选择自己发送回执卡的触发条件。有些州使用美国邮政署提供的地址变更信息，但另一些州使用的方法将很容易影响到那些实际上没有搬家因而仍然有资格的选民。[26] 合格的选民可能会因未寄回"回执卡"和四年间未投票而受到打击。[27] 选民们连同国会和最高法院也许会乐观地认为他们会寄回这张"回执卡"，但他们的乐观可能是放错了地方。

更普遍地说，恶性助推具有许多人无法预见到的重大影响。正如那项对折扣兑换的研究所显示的，人们对克服惰性的可能性持不切实际的乐观态度。即使是专家也可能会对看似有希望的惰性减少策略的失败程度感到惊讶。此外，聪明的营销人员可能会

投机利用恶性助推，他们试图给消费者留下这样的印象，即他们
将获得一笔极好的交易，但他们知道消费者不会提交所要求的表
格。在大多数情况下，政府官员并不寻求机会主义行为；他们会
对政治价值观和承诺做出回应，但这是两码事。与此同时，恶性
助推可能会产生他们没有预料到的破坏性影响。具体来说，官员
们可能并不明白，他们正在试图给予帮助的那些人群，会在多大
程度上受到恶性助推的不利影响。

认知和稀缺性

简化对提高兑换率的作用让人们关注到，在决定结果时，看
似温和的行政负担会产生巨大的后果——选择架构会影响到结
果。我们注意到，在许多领域，只要从要求人们申请（选择加
入）转变为自动注册（选择退出），参与率就会显著提高。

"选择加入"计划的低接受率的一个根本原因是，我们的认
知资源有限。[28]不可避免地，我们只能专注于生活挑战中的一
小部分。我们每个人的心理带宽都是有限的。对于那些忙碌的
人、穷人、残疾人或老年人来说，认知匮乏的问题尤其严重。如
果你很忙或很穷，你会专注于生活中的各种挑战。如果你是残疾
人，情况也是如此。如果你患有心理残疾，或者你上了年纪，你
的认知能力可能会受到严重限制。因此，重要的是要关注行政负
担对谁最有可能造成伤害的分配效应。[29]

实际上，答案往往是：我们当中最贫穷的人最容易受伤害。
一个主要原因是，如果你很穷，你必须关注一系列紧迫的问题。
如果政府要求穷人浏览复杂的系统或填写大量表格，他们可能会

放弃。但是这个问题不仅仅局限于穷人。当项目旨在造福老年人时，恶性助推可能尤其有害，至少在人们认知能力下降的情况下是如此。

出于不同的原因，性别平等问题值得特别关注。由于女性在管理家务、安排膳食、照顾孩子方面承担了过多的行政工作，显著减少恶性助推可以解决社会不平等的普遍根源，并对生活的其他领域产生深远影响。一项重要的研究发现，随着从"选择加入"到"选择退出"的转变，愿意为升职而竞争的女性比例大幅上升。显然，男性比女性更愿意挺身而出在恶性助推中前行。当恶性助推被清除后，男女之间的差距就基本消除了。[30]

为信息获取辩解

尽管如此，行政负担往往有助于实现重要目标。有时它们是不可或缺的。正如例子所示，我们可以很容易地想象出支持恶性助推的五个可能的理由：（1）程序完整性；（2）获取有用的数据；（3）自我控制问题；（4）隐私和安全；（5）确定目标。

程序完整性

当机构施加文书工作负担时，通常是因为希望确保项目按照法律要求的方式运作。其中一个原因涉及资格限制；另一个涉及记录保存。公共部门的情况同样也适用于私营部门。那些寻求私人或公共贷款的人，都会面临恶性助推。主要原因是要确保他们确实符合资格。除非人们有权享受相关福利，否则他们不应该获得医疗保险、医疗补助、所得税抵免或社会保障。而恶性助推通常是收集必要信息的一种方式。即使是在投票权的情境下，各种各样的负担也可以而且往往是合理的，因为这是确保潜在选民符合现有法律要求的一种手段。对于支出项目，文书工作负担的通常理由是为避免"欺诈、浪费和滥用"；恶性助推可以用来减少这三种情况。

的确，随着信息可获得性的提高和机器学习的出现，私人和公共机构可能能够自行找到相关信息。在私营部门，一些公司会进行资格预审，这意味着他们可以手握足够的信息以提前知道一些人是否已经具备了获得商品或服务的资格。有时表单可以预先填写一些内容；因此，表单的填写可以减少甚至省去。在税收领域，一个例子是免税申报，它完全不需要纳税人填写表格。[31]随着时间的推移，我们将看到这方面的重大变化。

但这些运动仍处于起步阶段。就目前和不久的将来而言，最明显的理由是程序完整性。假设美国国税局决定将所得税抵免发送给明显符合资格的纳税人。如果它能以低成本做到这一点，并且如果表面上符合条件的纳税人实际上也符合条件，那么就没有什么理由反对。当然，问题显然出在用词上。有些受助人可能实际上并不符合资格。当人们自动注册一个项目时，他们中的一些人可能不符合法律标准。

在这种情况下，监管机构必须在（1）确保某些符合条件的人无法获得福利的设计，和（2）确保某些不符合条件的人会获得福利的设计之间做出选择。如果程序完整性指的是错误的数量，那么在设计（1）和设计（2）之间的选择，可能完全取决于算术。哪一组比较大？如果自动登记意味着 500 000 符合条件的人获得了恶性助推条件下本不会获得的福利，又如果一定程度的恶性助推意味着 499 999 名不符合条件的人获得了自动登记条件下本不会获得的福利，那么自动登记似乎是合理的。

但也可以从另一个角度来看问题。假设自动参保为 200 000 符合条件的人提供了福利，但同时也为 200 001 个不符合条件的人提供了福利。有些人可能会认为，如果这 200 001 人几乎符合条件——如果他们相对贫穷——那么让他们获得一些经济帮助也并不那么糟糕。但另一些人可能会强调，对纳税人的钱的使用是有明确限制的，并坚持认为如果违反这些限制发放这些钱，就是犯了严重错误。根据这种观点，即使是对程序完整性的轻微破坏，让那些没有合法资格的人获利，也是不可接受的。

这种观点的最极端版本是，向大量符合条件的人提供福利的好处，不会超过向极少数不符合条件的人提供福利的坏处。从福利主义者的角度来看，最极端的说法是很难或者可能是无法辩护的：向几乎（但不）符合条件的 5 个人提供福利似乎是一个值得付出的代价，以换取向实际上符合条件的 100 万人提供福利。但何为正确的权衡并非不言而喻，通情达理的人可能会有不同的看法。

我们可以将这个例子推而广之。在学校午餐的直接认证项目中，准确性似乎非常高；据公开记录显示，几乎没有不符合条件的儿童被允许获得资格。当通过自动认证消除恶性助推时，只要不将利益施予不合格者，任何反对意见都会被削弱。在某种程度上，权衡是不可避免的，不同的人可以做出不同的判断。考虑一下选民登记的问题。恶性助推被认为是一种对抗欺诈风险的方法，从而确保投票过程的完整性。根据可以想象的假设，恶性助推减量可以确保许多符合条件的人可以投票，同时也会允许一些不符合条件的选民最终得以投票。这两个类别的人数规模当然很重要。

获取有用的数据

公职人员可能会向公众施加行政负担，包括上报要求，以获取可用于多种目的的数据，这可能会让公众受益匪浅。例如，官员们可能想知道，在大流行病期间接受就业培训或资助的人，是否真的从相关项目中受益。他们用这些培训或资金做什么？要得到这个问题的答案，施加一定的行政负担可能是必不可少的。或者我们假设，政府正在努力减少传染病的传播、促进高速公路的发展、监督危险废物的管理、确保飞行员获得适当的认证、确保飞机得到适当的维护，或者观察食品安全项目是如何运作的。那些收到信息收集请求的人，可能会抱怨恶性助推。他们可能很恼火或者更糟。但是，作为确保获得重要或甚至必不可少的知识的一种手段，相关的负担可能是合理的。

当然，在某些情况下，这样的负担可能是为了确保程序完整性。但我们强调的是另一点。即使程序完整性已经得到了保证，官员们也可能会寻求信息，并要求人们提供信息，以便提供短期和长期的利益。例如，政府想知道补贴是否按预期使用，为此，政府可能会要求获得补贴的人提供定期报告。政府可能会要求教育机构详细说明这些机构用收到的钱做了什么。重要的是，这些信息可能会被公开，并被私营和公共部门使用。在现代，信息的获取可能会促进公共和私人的问责制。这样做可能会省钱。它可能会刺激创新。它甚至可能拯救生命。例如，政府可能要求公开报告职业死亡或疾病和伤害的情况，以激励雇主提供更安全的工作场所，并了解人们在哪里更容易受到伤害，以期预防。

这些都是恶性助推产生的重要理由，但很容易被忽视。但它们不应被视为一种空头支票，或是在公开邀请官员施加大量恶性助推。对于任何特定的负担，一个核心问题是政府是否确实在获取有用的信息。如果政府官员要求人们以纸质而不是电子方式提交文件、拒绝重复使用他们已有的信息、拒绝预先填写表格部分内容，或者要求按季度而不是按年度提交报告，他们应该为此类要求提供一个强有力的理由。在所有这些情况下，他们都可能难以为负担找到理由。

从理论上说，很难说恶性助推是否可以作为一种产生有用或重要信息的手段。有些情况会很容易判断：任何这样的理由都是不可信的。其他情况下，事情也很简单：任何这样的理由都不言而喻地令人信服。还有一些情况，则会很棘手：如果不仔细调查细节，我们就无法知道这样的理由是否充分。只有一点可以确定，那就是恶性助推也是可以有好处的。

自我控制问题

各种各样的行政负担可能被设计用来促进更好的决策，以应对自我控制问题、鲁莽和冲动。恶性助推可以保护人们免受自身错误的伤害。因此，它可以被视为治疗行为问题的正确疗法。对于庸常的决定，网上经常会设置一些小小的行政负担，比如问你是否"确定要"发送没有主题的电子邮件、激活票据、取消最近的订单，或删除文件。这些负担可能是个好主意。

私人和公共机构施加的一定程度的恶性助推，对于结婚和离婚这样的改变人生的决定，可能是有意义的。[32] "冷静期"可能是件好事。[33] 如果系统 1 导致人们做出鲁莽的决定，那么强制等待时间可能有助于让系统 2 有"发言权"。[34] 在购买枪支之前，一些恶性助推可能也是有意义的，这在一定程度上是为了促进深思熟虑。一项重要的研究发现，法律规定在购买枪支前要有较短的等待时间，这使得涉枪杀人案减少了约 17%——这意味着在 17 个州，大约 750 起涉枪杀人案被阻止了。[35] 冲动购买枪支显然会导致悲剧，而一点点恶性助推，能让人冷静下来，可以挽救生命。

当然，堕胎权是极具争议的，但正因为如此，它是一个特别有趣的例子。例如，一些人认为，咨询要求和强制性的 24 小时等待期，是保护胎儿生命的合法方式，或者是保护女性不做出会让她们后悔的决定的合法方式。另一些人则认为，这些负担只不过是为了阻止人们行使宪法赋予的权利。即使我们把最深刻的问题放在一边，考虑到决定的利害关系，几乎总是可以把某些行政负担辩护为促进反思和提供宝贵信息的努力。

隐私和安全

获取人们的背景信息，比如人们的工作经历、收入、犯罪史（如果有的话）、信用评级、家族史、专业知识、兴趣爱好、居住地，往往会加重行政负担。那些寻求在政府部门工作的人——当然是在涉及国家安全的级别上工作的人——必须提供大量这类信息。[36] 我们有理由认为，如果私人和公共机构要获取部分或全部信息，就必须得到人们的明确同意。如果是这样，问题就在于，是让人们承担行政负担，还是去侵犯他们的隐私。如果政府选择前者，或许也没那么糟糕。

当然，官员们曾经一度没有真正的选择。他们不能侵犯隐私，因为他们缺乏这样做的手段。然而，越来越多的私营和公共机构，实际上能够独立地获取这些信息，或者他们可能只需稍加努力就能获得这些信息。因此，他们能够减少恶性助推。一个简单的例子，就是我们之前提到的、美国农业部的直接认证项目。在无数其他情况下，现有的数据可以让私人或公共机构非常简单地宣布，某些人符合资格，以及条件如何。它们可能会预先填写表格的部分内容。它们也许还能够共享数据。[37] 在这种意义上，恶性助推可能已经成为过去。

但这是可取的吗？不一定。自动加入很可能取决于人们不信任的机构收集的大量信息。在某些情况下，需要在恼人的负担和潜在的隐私侵犯之间进行权衡。例如，考虑信用卡公司在向客户提供信用卡之前应该获取多少信息的问题。我们可能会欢迎这样的情况，即这些公司能够获悉自己所需要的信息，因而只是简单地向人们发送邀请，甚至是贺卡。我们是否应该这样做，在一定程度上取决于它们拥有什么样的信息，以及这些信息是否可能被滥用。例如，当这些信息被转移到公司，而这些公司可以利用这些信息达到自己的目的时，这可能是自利的，甚至是邪恶的。如果政府拥有或获得了相关信息，这些信息被不当使用的风险可能会被认为是不可接受的。

安全问题也是密切相关的。要建立一个在线账户，人们可能会被要求、也愿意提供涉及银行账户或信用卡等敏感信息。恶性助推的设计，可能是为了确保不违反安全规定。人们可能需要回答有关地址、社会保障号码或母亲婚前姓氏的问题。这些问题并不是很有趣，但它们可能是一种合理的手段，以确保避免某种形式的泄密。当然，在理想情况下，我们应该对获取相关信息的收益和成本有一些明确的了解。但是，如果成本和收益难以具体说明，那么就应该有这样一种大致的感觉：为了防止最坏的情况发生，一点恶性助推是可取的。

确定目标

越来越多的、关于各种"麻烦"和"考验"的文献，探讨了行政负担如何作为一种良好的分配手段发挥作用，确保某些商品流向最想要或最需要它们的人手中。[38] 当一部电影或一场音乐会非常受欢迎时，人们可能不得不打电话或排队等很长时间才能买到票。如果这是合理的，那是因为时间的投入，就像金钱的支出一样，有助于衡量人们对事物的渴望有多强烈。同样，繁重的行政负担也可能是筛选求职者接受职业培训或其他项目的合理方式。如果人们真的愿意接受挑战，我们可能有充分的理由认为他们将从这些项目中受益。

这里的基本思想是，对那些寻求获取稀缺资源的人进行筛选，是很重要的。在市场上，支付意愿的标准提供了标准筛选。我们已经看到，支付意愿金额是衡量需求或欲望的一种方式；以时间和精力的形式来表示的支付意愿，则是度量需求或愿望的另一种方式。有人可能会说，支付意愿标准是对没有多少钱的人的歧视，因为支付意愿取决于支付能力。以时间和精力来表示的支付意愿，则没有这种缺陷。缺乏金钱和缺乏时间之间，可能存在关联，也可能不存在关联。有些有钱人非常忙，而另一些人则有充裕的时间。如果你很穷，你可能很忙，因此没有多少时间，或者你可能一点也不忙，因此有很多时间。说以金钱表示的支付意愿歧视穷人，而以时间和精力表示的支付意愿不歧视穷人，未免过于粗略。以时间和精力表示的支付意愿，如果说真的歧视了谁的话，歧视的是没有太多时间的人。

无论如何，政府可以选择使用时间支付意愿作为确定目标的一种方式——一种确保商品被分配给真正需要和想要的人的方式。还要注意的是，如果人们愿意付费让他人完成相关任务，比如报税，那么时间支付意愿与金钱支付意愿之间的差异，就可能会被消除。

问题是，恶性助推通常是一种非常粗糙的、确定目标的方法。一种复杂的、难以理解的接受联邦援助的形式，并不是确保需要经济帮助的人确实得到帮助的可靠方法。如果目标是确保符合所得税抵免资格的人能够获得所得税抵免，那么一定程度的恶性助推并不是最佳的分拣机制。考验自有其目的，而恶性助推可以是一种考验。但这是一种不可靠的确定目标的机制。事实上，情况比这更糟。在某些情况下，考验与穷人所面临的限制共同起作用，以便专门挑选出最需要帮助的人。从确定目标的角度来看，这实际上是反常的。这就突出了这样一个中心论点：文书工作负担应该根据其分配效应进行评估。如果它们对社会中最弱势的成员会产生特别不利的后果，那就有严重的问题了。

减少恶性助推

回到本章开始时的数字：97.8 亿小时。就我们所说的联邦文书工作项目而言，这个数字值得认真关注。同样重要的是，各机构之间存在显著差异，这些差异比表 7.1 中突出显示的总数字更能说明问题。[39] 这些数字确实有助于显示哪些地方的恶性助推问题最严重，哪些地方可以找到减少恶性助推的最大机会。财政部，尤其是国税局，在恶性助推生产方面赢得了"奥运金牌"。教育部在这份名单上排名最低，但每年9 000万小时的文书工作负担给大学、高中的院校和学生带来了严重的成本。当然，从原始数据来看，我们无法知道有多少负担是必要的。也许农业部可以并且应该减少20%的恶性助推；也许卫生与公众服务部能够而且应该将恶性助推减少10%。我们能做些什么来了解或帮助他们呢？

这是一个重要的问题，它可以吸引在许多政治问题上持不同意见的人。关于气候变化、富人税率和移民问题的分歧可能会出现，但这些分歧通常与是否减少恶性助推的问题无关。当然，我们已经看到，在一些问题上，比如堕胎，引入恶性助推的原因涉及基本价值观，在这种情况下，意识形态分歧容易爆发。但是，在不触及这些分歧的情况下，我们可以做很多事情来减少恶性助推。

表7.1　2015财年美国各政府机构的文书工作负担小时数（以万小时计）

机　构	负担小时数
财政部／国税局	735 722
卫生与公众服务部	69 588
证券交易委员会	22 489
交通部	21 421
国土安全部	20 339
环境保护署	15 689
劳工部	14 471
联邦贸易委员会	13 537
农业部	12 755
教育部	9 084

信息和监管事务办公室

负责监管《文书工作削减法》的信息与监管事务办公室有很大的回旋余地。我曾在奥巴马政府期间担任该办公室的负责人，我了解到，如果政府有意愿，它可以在减少恶性助推方面做很多事情。

在任何特定时期，信息与监管事务办公室都可以努力减少文书工作的负担。这可能很难。它可以向联邦机构发出信号，表明它会仔细审查它们的信息收集请求。由于它对此类请求进行单独评估，因此它可以以特别的方式开展工作，以减少每年增加或不增加的文书工作量。[40] 或者，信息与监管事务办公室可以更系统地工作。信息与监管事务办公室可以定期指导各机构开展恶性助推减量工作。[41] 这是通过一种叫做"数据调用"（data call）的方式来实现的，通过数据调用，信息与监管事务办公室询问有关信息收集的信息，并提出要求。信息与监管事务办公室可以发布具有约束力的指导文件，其中可以包括雄心勃勃的减负目标。[42] 它可以与其他白宫办公室合作，也可以与总统个人合作，制作总统备忘录或行政命令。如果总统要求相关机构减少恶性助推，那么恶性助推量将会大大减少。

事实上，信息与监管事务办公室已经做了所有这些事情。例如，2012 年我担任信息与监管事务办公室的行政长官时，我们指导各机构做了大量工作，以减轻文书工作负担。[43] 除其他事项外，我们呼吁对负担的"显著量化减轻"负担，并提出了相对严格的要求：

现在文书工作负担沉重的机构［根据定义包括财政部、卫生与公众服务部、证券交易委员会、交通部、环境保护署、国土安全部、劳工部和农业部］应该尝试找出至少一项措施或多项措施的组合，以减少每年 200 万小时或更多的工作负担。所有机构都应设法确定至少一项或多项举措，以消除每年至少 5 万小时的负担。[44]

对于行政部门来说，在各种形式的程序工具中做出选择，是非常重要的。总统指令是最强有力的声明。如果一份文件来自美国总统，机构知道它必须被认真对待。相比之下，数据调用是最弱的。

为了说明这一点，我将违反我的通常规则，即不披露与美国总统的对话。在奥巴马总统第一个任期内的一次会议上，我们讨论了指导各机构遵循某些原则和要求的各种选择，其中一些是放松监管。总统决定支持一项新的行政命令，即 13563 号行政命令。我提出了各种补充和替代方案，包括我将发出一次数据调用。在会议结束时，我问总统，如果可以的话，该如何处理这次数据调用。总统带着同情、恶作剧和怀疑的口气回答道："卡斯，美国人民真的不太在乎你那该死的数据通话。"（他本可以用另一个词，而不是"该死的"。）

任何恶性助推减量指示的内容方面，也存在重要的问题。数据调用可以采取开放式标准的形式："认真对待文书工作负担"或"在可行的范围内减少它们"。正如之前引用的文件中所述，它也可以明确具体数字："每年减少 5 000 万小时的负担"或"将现有负担减少 10%"。[45] 数据调用可以指定，而且过去也确定指定了减轻负担的方法 [46]：（1）使用简短的选项；（2）允许电子通讯；（3）促进表格的预先填写；（4）减少信息收集的频率；或（5）重复使用政府已有的信息。[47] 这些都是标准的表述，可以用不同程度的力度来实施。同样值得考虑的是新的表述，后者可能是远为更大的挑战。

如果我们牢记这"97.8 亿小时"的数字，我们可能会同意信息与监管事务办公室应该采取前所未有的大胆努力来减轻文书工作负担，同时强调新的文书负担的流动和现有的存量。为了说明这一点，举个例子：通过总统指令（最好）或信息与监管事务办公室本身的指令（也很好），该办公室可以宣布一项倡议，要求在今后 6 个月内采取下列行动：

- 通过前面列举的减轻负担的方法，确定至少三个步骤来减少现有负担。

- 所有施加重大负担（根据一些标准化定义）的机构将现有负担至少减少 10 万小时，当前施加最大负担的机构将现有负担至少减少 300 万小时。

- 重点减轻老年人、残疾人和穷人等弱势群体的负担。

- 当这些负担损害了现任政府特别关心的特定政策优先事项的情况下，侧重于先减轻负担。（当然，随着时间的推移，政府间和政府内部的情况可能会有所不同。）

这类倡议可以用许多不同的方式加以说明。信息与监管事务办公室和相关机构之间的相互作用，无疑会产生新的想法。在政策重点方面，各届政府会做出不同的选择。某一届政府可能希望根据《平价医疗法》减少信息收集的负担；下一届政府可能会强调强加给小企业和初创企业的恶性助推；再下一届可能会强调对交通部门或教育机构施加的负担；另一届可能会做所有这些。重要的是，许多行政负担是由州和地方政府强加的。尽管信息与监管事务办公室对这些机构没有直接权力，但它可以利用其召集权清除恶性助推，尤其是在联邦、州和地方政府必须协调的情况下。

法庭

这背后还隐藏着一个问题。如果联邦政府在违反《文书工作削减法》的情况下强加文书工作负担，是否有法律补救措施？例如，假设卫生与公众服务部要求医院填写一大堆令人困惑或难以理解的表格。再假设，这个负担显然与《文书工作削减法》不一致，因为文书工作没有被最小化，而且几乎没有实际效用。那么，医院能否援引《文书工作削减法》宣称该要求的无效？

答案似乎是否定的。一般的规则是，只要信息与监管事务办公室批准了信息收集请求，人们就必须遵守。[48] 正如索赔法院所言，《文书工作削减法》只赋予"公民个人不花费时间、精力或财力回应**未经行政管理和预算办公室批准的**信息收集请求的权利"。[49] 这一裁决被许多法院遵循[50]，并得到了《文书工作削减法》相关条款的支持，其中规定：

> （1）尽管有任何其他法律规定，在以下情况下，任何人不得因未能遵守本分章规定的信息收集而受到任何处罚：

（a）信息收集**未显示主任根据本分章分配的有效控制编号**；或

（b）该机构未能通知将对信息收集做出回应的人员，**除非其显示有效的控制编号**，否则该人员无需对信息收集做出回应。

（2）在机构行政程序或适用于的司法诉讼期间的任何时间，可以完全抗辩、禁止或以其他方式提出本条规定的保护。[51]

以上条款明确表明，《文书工作削减法》只要求信息收集具有并显示一个控制编号，这表明它已被信息和监管事务办公室批准。有一个很好的论点是：鉴于《文书工作削减法》的文本，至少在信息收集是强制性的，并且超过一定阈值的情况下，《文书工作削减法》应该被修订，以允许个人更广泛地反对，可能是因为信息和监管事务办公室的批准是武断的或反复无常的。《行政程序法》一般允许对公职人员任意或反复无常的决定进行司法审查。[52]考虑到信息收集的严重成本及其侵入性，该标准也应适用于信息收集。

国会

那么，《文书工作削减法》是否还应该以其他方式进行修订？绝对应该。具体说来，下面三项改革将大大改善目前的状况。

首先，国会应该要求定期"回顾"现有的文书工作负担，看看当前的要求是否合理，并消除那些看起来过时、毫无意义或成本过高的要求。这项改革将建立在现有的、对一般管制的回顾要求的基础上。[53] 关于文书工作的负担，回顾可能每两年进行一次，同时要求向国会提交一份公开的报告。第二，国会应该明确要求各机构选择负担最少的方法来实现其目标。这基本上是成本效益的要求。例如，如果年度报告和季度报告一样有效，那么机构应该选择年度报告。正如我们所看到的，现行法律可以理解为要求成本效益，但明确的立法信号会带来相当大的好处。第三，国会应该明确要求文书工作的好处应足以证明成本的合理性。正如我们所看到的，成本收益平衡也是《文书工作削减法》的当前形式所要求的。但该法令在这一点上并不明确，国会应就此再次发出明确的信号。

就文书工作而言，与一般的规章制度一样，重要的是要了解成本效益和成本收益分析之间的区别。前者要求以成本最低的方式实现特定目标。因此，成本效益是一个温和的想法，不应该引起争议。文书工作负担可能具有成本效益，但却无法通过成本收益分析的考量，因此是个坏主意。即使文书工作负担具有成本效益，也应该从成本收益的角度进行评估，以确保它在总体上是值得的。

对于文书工作负担来说，成本收益的平衡并不总是那么简单，这是事实，也是重要的。当机构致力于这种平衡时，总体目标是从经济学角度来比较社会收益和社会成本。从这些角度来看，文书工作负担可能产生也可能不会产生社会收益。当美国国税局向纳税人施加文书负担时，它可能是在试图确保他们按照法律要求行事。我们可以谈论经济成本（或许是货币化的时间）和经济收益（或许是财政部获得的美元）。但这不是标准的成本收益分析。或者，文书工作的设计可能是为了确保申请福利的人确实应该得到这些福利，例如，当努力避免向无权获得这些福利的人提供转移支付时。

在这种情况下，一种粗略的办法是将成本收益的合理化，理解为不是为了比较社会成本和社会收益而作出的努力（从经济角度理解），而是需要对比例性进行评估。重大的成本是否有可能实现重大的目的？成本有多大？收益有多大？真实的数字将有助于为决策提供信息，并与恶性助推作斗争。

值得强调的是，即使是一种粗略的成本收益分析也会带来信息强迫。这将更有力地激励各机构提供准确的文书负担小时数，并将其转化为货币等价物。这将同时激励各机构更具体、更量化地了解信息收集的预期好处。政府到底想知道什么？它需要知道什么？为什么？

在收集信息是否真的有益且值得费心的问题上，我们需要远为更多的信息。在这方面，成本收益平衡的要求应该会有所帮助。它还应该有助于刺激改进的或许是创造性的方法，以测试信息收集的好处是否与成本相匹配。

恶性助推审计

许多机构应该定期进行恶性助推审计。政府当然更应该这样做。这同样适用于各种各样的私人机构。银行、保险公司、医院、大学和出版商可以通过减少恶性助推来节省大量资金，并且可以极大地改善与之互动的人们的体验。它们甚至可能改变人们的生活。值得强调的是医院的情况，医院的恶性助推不仅会造成患者或家属巨大的挫败感，还会损害健康，甚至夺去生命。

我们注意到，恶性助推审计可以采取正式和非正式两种形式。它们可能涉及大量的量化，也可能更加定性。在最简单的情况下，恶性助推审计将立即表明，无论是公共机构还是私人机构，现有的恶性助推水平不符合它们的利益。对于公共部门来说，如果事实证明，由于恶性助推过多，儿童很难获得免费学校餐，官员们可能会采取措施来减少恶性助推。如果事实证明学生很难获得经济资助，因为表格上有 100 多个问题，了解这一事实可能会产生严肃的恶性助推减量努力。如果事实证明，贫困家庭很难获得他们有合法权利获得的食物，那么恶性助推减量——或许通过使用在线服务的形式——可能看起来很有吸引力。

对于私营部门而言：如果事实证明消费者很难做到在购买一种产品（比如一辆汽车）时必须做的事情，那么公司可能会简化这种体验。这样做可能会吸引更多的客户，并产生广泛的声誉效益。如果消费者的投诉难以得到回应，他们同公司打交道的体验将会更糟，这已经不是什么新闻了。为了减少此类问题，许多公司进行了创造性的革新。我们可以很容易地想象这样一种竞争：在所有与公民或消费者有关的事情上，竞相成为一个没有恶性助推的政府机构或公司。同样的道理也适用于员工、投资者和学生。

相反，公共或私营机构可能知道或了解到，恶性助推符合它们的利益，而恶性助推审计不会产生减少恶性助推的动机。如果恶性助推阻碍了移民，一些官员会乐于施加恶性助推，甚至可能增加恶性助推。如果恶性助推减少了某些行业的进入，与现有的在位者的利益相适应的官员可能不会感到不快。很容易订阅，却很难取消，须要经历恶性助推，这很可能是一项很好的业务。仔细的测试可能会表明这样的策略是最优的。涉及一定程度恶性助推的投诉流程，可能不仅会过滤掉不合理的投诉，当投诉合理时，这还可能节省资金。在可以想象的情况下，恶性助推是符合企业竞争利益的。如果是这样的话，那么问题就来了：这是一种行为市场失灵，因此应采取监管应对？答案通常是，是的。

最重要的一点是，对于公共机构而言，恶性助推审计通常会揭示出有显著的机会改善绩效。对世界各国政府来说，编制信息收集的预算、编目文书工作的负担，应该不难。可以肯定的是，其中一些负担无疑是合理的。此外，最糟糕的恶性助推形式，可能根本不是文书工作（如果考虑到排队等待的时间的话）。但对政府来说，信息收集预算是一个重要的出发点，尤其是因为它可能会刺激恶性助推减量工作。私人机构也应该制作类似的文件，即使只是供内部使用，而且公开透明可能是个好主意。

少即是多

放松管制的想法通常被理解为取消正式的法规，例如，管理环境、食品安全和机动车辆的法规。但行政负担将以其自身的方式进行监管，并征收某种税。如果它们每年需要近100亿小时的文书工作，那么它们至少施加了相当于2 000亿美元的成本。对于理性人和那些表现出行为偏差（如惰性和现时偏差）的人来说，行政负担可能会带来过高的成本，阻碍权利的享受，并阻止获得多种重要利益。2 000亿美元的数字大大低估了实际的经济和心理影响。恶性助推侵犯了最基本的权利；它还可能导致死亡。

在这些情况下，有一个强有力的理由来支持一项旨在减轻文书工作负担的、在行为上知情的放松管制的努力。这样的努力需要在程序设计的层面上进行削减，包括彻底简化现有的要求，以及（更理想）使用默认选项来削减学习和遵从成本。自动注册可以将管理负担降低到零，并因此产生非常大的影响。如果无法实现自动注册，官员们可能会使用各种各样的工具：频繁提醒；简洁明了的语言；在线、电话或当面帮助；以及减少心理成本的欢迎信息。

对行政负担采取高度实证性的方法，是非常有必要的，包括努力权衡其收益和成本，并仔细评估其分配效应。它们真的有助于减少欺诈吗？可以挽回多少经济损失？接受率是多少？不同人群（包括最弱势群体）之间的接受率有何差异？在时间和金钱方面，合规成本是多少？

当然，这些问题的答案并不总是不言自明的。如果恶性助推阻碍了堕胎权的行使，人们就会对这是一种收益还是一种成本产生分歧。为了知道恶性助推是否会造成损失或收益，我们有时会在价值观上出现严重分歧。但在许多情况下，这样的分歧是无意义且无关紧要的，而获取相关信息将表明，恶性助推是得不偿失的。在未来，放松管制和解除管制应是一个优先事项。

时间是人类拥有的最珍贵的商品。政府官员应该想方设法帮助公众节省更多的时间。

注释

[1] 参见 Paperwork Reduction Act of 1995，Pub. L. 104—113，109 Stat. 163（codified as amended at 44 U.S.C. §§ 3501—3521（2012））。

[2] 参见 44 U.S.C. § 3504 (c)(2012)(粗体为本书作者所加)。

[3] 参见 44 U.S.C. § 3514 (a)(2012)。

[4] 参见 Off. of Mgmt. & Budget，Information Collection Budget of the United States Government 2（2016），https://www.whitehouse.gov/sites/whitehouse.gov/files/omb/inforeg/inforeg/icb/icb_2016.pdf（https://perma.cc/3FYG-M93W）（以下简称"2016 年信息收集预算"）。令人不解的是，特朗普政府未能出具这份年度报告，尽管这是法律要求的。参见 Office of Management and Budget Reports，WhiteHouse.gov，https://www.whitehouse.gov/omb/information-regulatory-affairs/reports（https://perma.cc/B75H-FAL3），其中列出了 2016 年信息收集预算的最新情况。

[5] 参见 Government-Wide Totals for Active Information Collections，OIRA，https://www.reginfo.gov/public/do/PRAReport?operation=11（https://perma.cc/H9K2-J424）。

[6] 参见 Request for Comments on Implementation of the Paperwork Reduction Act，74 Fed. Reg. 55，269（Oct. 27，2009）。当时我是信息和监管事务办公室的行政管理员。管理和预算办公室与信息和监管事务办公室在 1999 年也提出了类似的问题。参见 Notice of Reevaluation of OMB Guidance on Estimating Paperwork Burden，64 Fed. Reg. 55，788（Oct. 14，1999）。有价值的相关讨论，一般性地可参见 Adam M. Samaha，*Death and Paperwork Reduction*，65 Duke L. J. 279（2015）。

[7] 27 美元的数字用于简化说明。联邦政府没有一个标准的数字，但在监管影响分析中，它使用了劳工统计局的数据，该局报告的平均值接近 27 美元。可参见：Dep't of Health and Hum. Serv. & Food and Drug Admin.，Docket No.FDA-2016-N-2527，Tobacco Product Standard for N-Nitrosonornicotine Level in Finished Smokeless Tobacco Products 78（Jan. 2017），https://www.fda.gov/downloads/aboutfda/reportsmanualsforms/reports/economicanalyses/ucm537872.pdf（https://perma.cc/46HT-25RZ）："劳动时数按劳动统计局发布的 2015 年 5 月《职业就业统计》报告中的当前市场工资计价"（US Bureau of Labor Statistics，2015）；*Average Hourly and Weekly Earnings of All Employees on Private Nonfarm Payrolls by Industry Sector*，*Seasonally Adjusted*，Bureau of Lab. Stat.，https://

www.bls.gov/news.release/ empsit.t19.htm（https://perma.cc/42WN-8CDG），
2019 年 1 月私营行业的平均小时工资为 27.56 美元；亦见 Samaha，前注
[6]，页 298："由于不知道谁会被随机选中进行调查，[博物馆和图书馆
服务研究所] 使用了大约每小时 20 美元的全国人均收入，将受访者的时
间转换成美元成本。"

[8] 参见：Pamela Herd & Donald Moynihan，Administrative Burden：
Policymaking by Other Means 22—30（2019），该书讨论行政负担的概念
并概述其组成部分；一般性的讨论，参见 Elizabeth F. Emens，*Admin*，
103 Geo. L. J. 1409（2015），该文解释行政工作，比如文书工作，是如何
妨碍个人（尤其是女性）的休闲、睡眠、人际关系和工作的；Elizabeth
F. Emens，Life Admin：How I Learned to Do Less，Do Better，and Live
More（2019），该书说明行政负担对生活的影响，并提供减轻负担的
建议。

[9] 参见 Richard H. Thaler，*Nudge*，*Not Sludge*，361 Sci. 431（2018）。

[10] 我们在这里不讨论助推和恶性助推之间的确切关系。应该清
楚的是，"助推"可以是好事，也可以是坏事。坏的方面，参见 George
Akerlof & Robert Shiller，Phishing for Phools（2015），文中介绍了肉桂卷
品牌 Cinnabon 创始人 Rich Komen 和 Greg Komen 开发的策略，后者促
使人们做出吃肉桂卷的"不健康"决定。我们对恶性助推的理解，也包
括"为了好事的恶性助推"，但将恶性助推限制在不好的摩擦中可能是有
用的。在定义问题上还有更多的工作要做。我希望这些例子将足以满足
当前讨论的目的。

[11] 参见 Eric Bettinger et al.，*The Role of Simplification and Information
in College Decisions*：*Results from the H&R Block FAFSA Experiment*
1（Nat'l Bureau of Econ. Research，Working Paper No.15361，2009），
https://www.nber.org/papers/w15361（https://perma.cc/66EG-VQXD）："为
了确定申请资格，学生和他们的家庭必须填写一份长达 8 页的详细申
请，名为'联邦学生资助免费申请表'，其中有 100 多个问题。"

[12] 参见 Susan Dynarski & Mark Wiederspan，*Student Aid Simplification*：
Looking Back and Looking Ahead 8—11（Nat'l Bureau of Econ. Research，
Working Paper No.17834，2012），https://www.nber.org/papers/w17834

（https://perma.cc/5VTH-682V）。

[13] 可参见：Herd & Moynihan，前注 [8]，页 47—60；La. Advisory Committee for the US Commission on Civil Rights，Barriers to Voting in Louisiana 25—26（2018），https://www.usccr.gov/pubs/2018/08-20-LA-Voting-Barriers.pdf（https://perma.cc/VCV4-BVQB），建议减少与选民登记有关的文书工作，以增加投票的机会；Jonathan Brater et al.，Brennan Ctr. for Justice，Purges：A Growing Threat to the Right to Vote（2018），http://www.brennancenter.org/publication/purges-growing-threat-right-vote（https://perma.cc/74YE-P6ZP）；The Leadership Conf. Educ. Fund，The Great Poll Closure（2016），http://civilrightsdocs.info/pdf/reports/2016/poll-closure-report-web.pdf（https://perma.cc/GRS7-953K）。

[14] 参见 Dept. of Agriculture，Direct Certification in the National School Lunch Program：State Implementation Progress，School Year 2014—2015（2015），https://www.fns.usda.gov/direct-certification-national-school-lunch-program-report-congress-state-implementation-progress-0（https://perma.cc/D6PP-X4GL），at 2：“直接认证通常涉及将补充营养援助计划、贫困家庭临时援助计划与印第安人保护区食品分配计划的记录，与州或地方教育局的学生入学名单进行匹配。”

[15] 参见 Rob Griffin et al.，Who Votes with Automatic Voter Registration? Impact Analysis of Oregon's First-in-the-Nation Program（2017），https://www.americanprogress.org/issues/democracy/reports/2017/06/07/433677/votes-automatic-voter-registration/#fn-433677-2（https://perma.cc/9L7K-YPWX）。

[16] 参见 Felice J. Freyer，*Emergency Rooms Once Offered Little for Drug Users：That's Starting to Change*，Boston Globe（Dec. 10，2018），https://www.bostonglobe.com/metro/2018/12/09/emergency-rooms-once-had-little-offer-addicted-people-that-starting-change/guX2LGPqG1Af9xUV9rXI/story.html [https://perma.cc/FH6P-C2UF]。

[17] 同上。

[18] 参见 Herd & Moynihan，前注 [8]，页 23；Donald Moynihan et al.，*Administrative Burden：Learning，Psychological，and Compliance*

Costs in Citizen-State Interactions, 25 J. Pub. Admin. Res. Theory 43, 45—46 (2014)。

[19] 参见：Janet Currie, *The Take up of Social Benefits* 11—12 (Inst. for the Study of Labor in Bonn, Discussion Paper No.1103, 2004)，该文调查了美国和英国的社会福利登记率；一般性的讨论，参见 Katherine Baicker et al., *Health Insurance Coverage and Take-Up：Lessons from Behavioral Economics*, 90 Milbank Q. 107 (2012)，该文从行为经济学角度审视了低医疗保险接受率；Carole Roan Gresenz et al., *Take-Up of Public Insurance and Crowd-Out of Private Insurance under Recent CHIP Expansions to Higher Income Children*, 47 Health Servs. Res. 1999 (2012)，该文分析了扩大儿童健康保险计划的资格对医疗保险参保率的影响；Saurabh Bhargava & Dayanand Manoli, *Improving Take-Up of Tax Benefits in the United States*, Abdul Latif Jameel Poverty Action Lab (2015)，https://www.povertyactionlab.org/evaluation/improving-take-tax-benefits-united-states (https://perma.cc/TPW8-XDHU)，该文指出，在美国"许多有资格领取社会和经济福利的人并没有申领这些福利"。

[20] 参见：Brigitte C. Madrian & Dennis F. Shea, *The Power of Suggestion：Inertia in 401 (k) Participation and Savings Behavior*, 116 Q. J. Econ. 1149, 1185 (2001)，该文发现惰性是阻碍人们参与 401 (k) 计划的因素；John Pottow & Omri Ben-Shahar, *On the Stickiness of Default Rules*, 33 Fla. St. U. L. Rev. 651, 651 (2006)："现在人们已经认识到，除了起草成本之外，其他因素也可能导致当事人坚持延用不受欢迎的默认规则。"

[21] 参见 George Akerlof, *Procrastination and Obedience*, 81 Am. Econ. Rev. 1, 1—17 (1991)，该文研究了几种"行为病理学"，包括拖延症。

[22] 参见 Ted O'Donoghue & Matthew Rabin, *Present Bias：Lessons Learned and to be Learned*, 105 Am. Econ. Rev. 273, 273—278 (2015)。

[23] 参见 Joshua Tasoff & Robert Letzler, *Everyone Believes in Redemption：Nudges and Overoptimism in Costly Task Completion*, 107 J. Econ. Behav. & Org. 107, 115 (2014)。

[24] 一个特别引人注目的例证，参见 Peter Bergman, Jessica

Laskey-Fink，& Todd Rogers，*Simplification and Defaults Affect Adoption and Impact of Technology*，*but Decision Makers Do Not Realize This*（Harvard Kennedy School Faculty Research Working Paper Series，Working Paper No.RWP17-021，2018），https://ssrn.com/abstract=3233874（https://perma.cc/YWN6-BBCJ）。

[25] 参见 National Voter Registration Act of 1993，52 U.S.C. § 20507 (d)(2012)。《全国选民登记法》的这一规定，除其他目的外，旨在"确保维护一份准确和最新的选民登记名册"。52 U.S.C. § 20501（b）(4).

[26] 可参见：Iowa Code § 48A.28.3（2018），允许每年发送通知；Ga. Code Ann. § 21-2-234（a）(1)—(2)（2018），通知已"无联系"三年的注册人；Pa. Stat. Ann.，tit. 25，§ 1901（b）(3)（2018），通知发给五年内没有投票的选民；Ohio Rev. Code Ann. § 3503.21（B）(2)（2018），通知那些在连续两次联邦选举中未能投票的人。还要注意的是，一些州是根据可疑的州际数据库触发通知的。可参见：Okla. Admin. Code § 230：15-11-19（a）(3)（2018），通知发送给那些自"上上次大选"以来未参加投票的人，以及那些无法从州际数据库查阅到数据的人；Wis. Stat. Ann. § 6.50（1）(2018)，向四年未投票的选民发出通知。亦见 Brater et al.，前注 [13]，页 7—8，解释了俄克拉何马州使用的"交叉检查"系统是如何不可靠和不准确。

[27] 参见 52 U.S.C. § 20507（d）(1)(ii)。

[28] 参见 Xavier Gabaix，*Behavioral Inattention*（Nat'l Bureau of Econ. Research，Working Paper No.24096，2018），https://www.nber.org/ papers/ w24096（https://perma.cc/FQ2L-M3VN）。

[29] 参见 Herd & Moynihan，前注 [8]。有益的相关讨论，参见 Jessica Roberts，*Nudge-Proof*：*Distributive Justice and the Ethics of Nudging*，116 Mich. L. Rev. 1045（2018）。这一想法得到了《文书工作削减法》的支持，后者要求"特别重视那些受到最不利影响的个人和实体"。44 U.S.C. § 3504（c）(3)（2012）.

[30] 参见 Joyce He et al.，Leaning In or Not Leaning Out? Opt-Out Choice Framing Attenuates Gender Differences in the Decision to Compete（Nat'l Bureau of Econ. Research，Working Paper No.24096，2019），

https://www.nber.org/papers/w26484。

[31] 参见 Austan Goolsbee，The "Simple Return"：Reducing America's Tax Burden through Return-Free Filing 2（2006），https://www.brookings. edu/ wp-content/uploads/2016/06/200607goolsbee.pdf（https://perma.cc/ C695-5YQL）："然而，对于数以百万计可以使用简单报税表的纳税人来说，提交纳税申报单只需要核对数字、在申报单上签字，然后要么寄支票，要么拿到退款。"

[32] 可参见：Fla. Stat. Ann. § 741.04（2018），除非双方都参加过婚前教育课程，否则结婚证应在申请后 3 天生效；Mass. Ann. Laws ch. 208，§ 21（2018），允许离婚在初审判决 90 天后成为绝对离婚。

[33] 参见：Pamaria Rekaiti & Roger Van den Bergh，*Cooling-Off Periods in the Consumer Laws of the EC Member States：A Comparative Law and Economics Approach*，23 J. Consumer Pol'y 371，397（2000）："冷静期是解决非理性行为、情境垄断和信息不对称问题的潜在方法"；Dainn Wie & Hyoungjong Kim，*Between Calm and Passion：The Cooling-Off Period and Divorce Decisions in Korea*，21 Feminist Econ. 187，209（2015）："当离婚原因为……不诚实、虐待或与其他家庭成员不和……冷静期对离婚率没有显著影响……那些将离婚原因归结为性格差异或经济困难的夫妇，会对冷静期做出反应。"

[34] 参见 Cass R. Sunstein & Richard H. Thaler，*Libertarian Paternalism Is Not an Oxymoron*，70 U. Chi. L. Rev. 1159，1187—1188（2003）；一般性的讨论，参见 Wie & Kim，前注 [33]，该研究发现，强制离婚"冷静期"降低了韩国的最终离婚率。

[35] 参见 Michael Luca et al.，Handgun Waiting Periods Reduce Gun Deaths，114 PNAS 12162（2017）。

[36] 例子可参见 US Office of Pers. Mgmt.，Standard Form 86：Questionnaire for National Security Positions（2010），https://www.opm.gov/ forms/pdf_fill/sf86-non508.pdf（https://perma.cc/KB9P-JJ8D）。

[37] 一些相关的权衡问题，参见 Memorandum from Jeffrey D. Zients，Dep. Dir. for Mgmt.，& Cass R. Sunstein，Admin.，OIRA，to Heads of Executive Departments and Agencies（Nov. 3，2010），https://

obamawhitehouse.archives.gov/sites/default/files/omb/memoranda/2011/
m11-02.pdf（https://perma.cc/56QK-7HCR），该备忘录鼓励联邦机构在遵
守隐私法的同时共享数据以改进项目的实施。

[38] 例子包括：Albert Nichols & Richard Zeckhauser，*Targeting Transfers
through Restrictions on Recipients*，72 Am. Econ. Rev. 372（1982）；Vivi
Alatas et al.，*Ordeal Mechanisms in Targeting：Theory and Evidence from
a Field Experiment in Indonesia*（Nat'l Bureau of Econ. Research，Working
Paper No.19127，2013），https://www.nber.org/papers/w19127（https://
perma.cc/6XFF-QP8E）；Amedeo Fossati & Rosella Levaggi，Public
Expenditure Determination in a Mixed Market for Health Care（May 4，
2004）（未出版手稿），https://papers.ssrn.com/sol3/papers.cfm?abstract_
id=539382（https://perma.cc/GF5A-YRY5）；Sarika Gupta，Perils of
the Paperwork：The Impact of Information and Application Assistance on
Welfare Program Take-Up in India（Nov. 15，2017）（哈佛大学肯尼迪
政府学院未发表的博士就业市场论文），https://scholar.harvard.edu/files/
sarikagupta/ files/gupta_jmp_11_1.pdf（https://perma.cc/K4HY-3YK4）。

[39] 参见 Information Collection Budget 2016，前注 [4]，at 7。

[40] 信息和监管事务办公室为审查中的信息收集请求提供了一份
公共记述。无论是在学术上还是其他方面，该报告都值得比迄今为止远
为更多的关注。参见 Information Collection Review Dashboard，OIRA，
https://www.reginfo.gov/public/jsp/PRA/ praDashboard.myjsp?agency_
cd=0000&agency_nm=All&reviewType= RV&from_page=index.jsp&sub_
index=1（https://perma.cc/PD5L-9BNJ）。

[41] 可参见：Memorandum from Neomi Rao，Admin.，OIRA，to
Chief Information Officers 8（Aug. 6，2018），https://www.whitehouse.
gov/wpcontent/uploads/2018/08/Minimizing-Paperwork-and-Reporting-
Burdens-Data-Call-for-the2018-ICB.pdf（https://perma.cc/KF9L-N6NZ）；
Memorandum from Cass R. Sunstein，Admin.，OIRA，to the Heads of
Exec. Dep't & Agencies（June 22，2012），https://www.dol.gov/sites/
default/files/oira-reducing-rep-paperwork-burdens-2012.pdf（https://perma.
cc/ FRA5-M5P2）。

[42] 参见 Memorandum from Cass R. Sunstein，Admin.，OIRA，to the Heads of Exec. Dep'ts & Agencies & Indep. Reg. Agencies（Apr. 7，2010），https://www.whitehouse.gov/sites/whitehouse.gov/files/omb/assets/inforeg/PRAPrimer_04072010.pdf（https://perma.cc/D3VW-ZD8T）。

[43] 参见 Memorandum from Cass R. Sunstein，Admin.，OIRA，to the Heads of Exec. Dep'ts & Agencies（June 22，2012），https://www.dol.gov/sites/ default/files/oira-reducing-rep-paperwork-burdens-2012.pdf（https://perma.cc/FRA5-M5P2）。

[44] 同上。

[45] 混合的方法，参见同上。

[46] 可参见 Memorandum from Neomi Rao，Admin.，OIRA，to Chief Info. Offs.（July 21，2017），https://www.whitehouse.gov/wp-content/uploads/ 2017/12/MEMORANDUM-FOR-CHIEF-INFORMATION-OFFICERS.pdf（https://perma.cc/6PD4-25N7），同一主题。

[47] 参见：Memorandum from Neomi Rao，Admin.，OIRA，to Chief Info. Offs. 8（Aug. 6，2018），https://www.whitehouse.gov/wpcontent/uploads/ 2018/08/Minimizing-Paperwork-and-Reporting-Burdens-Data-Call-for-the2018-ICB.pdf［https://perma.cc/KF9L-N6NZ］；Memorandum from Howard Shelanski，Admin.，OIRA，and John P. Holdren，Dir.，Off. of Sci. & Tech. Pol'y，to the Heads of Exec. Dep'ts & Agencies and of the Indep. Reg. Agencies（Sept. 15，2015）https://obamawhitehouse.archives.gov/sites/default/files/omb/inforeg/memos/2015/behavioral-science-insights-and-federal-forms.pdf（https://perma.cc/M8MX-9K6C），该文建议在制定计划时使用行为科学，以减少文书工作负担的时间。

[48] 参见 Pac. Nat. Cellular v. United States，41 Fed. Cl. 20，29（1998）。

[49] 同上（粗体为本书作者所加）。

[50] 同上；亦见 Util. Air Regulatory Grp. v. EPA，744 F.3d 741，750 n.6（D.C. Cir. 2014），解释称《文书工作削减法》只是为那些被不正当地要求提供信息的人提供辩护，而不是私人诉讼理由；Smith v. United States，2008 WL 5069783 at *1（5th Cir. 2008），同一主题；Springer v. IRS，2007 WL 1252475 at *4（10th Cir. 2007），同一主题；Sutton v.

Providence St. Joseph Med. Ctr.，192 F.3d 826，844（9th Cir. 1999），同一主题；Alegent Health-Immanuel Med. Ctr. v. Sebelius，34 F.Supp.3d 160，170（D. D.C. 2014），同一主题。

[51] 参见 44 U.S.C. § 3512（b）（2012）（粗体为本书作者所加）。

[52] 参见 42 U.S.C. § 706。

[53] 参见 Cass R. Sunstein，*The Regulatory Lookback*，94 B. U. L. Rev. 579，592—596（2014）。

后　记

以下是人类关于信息价值最著名的故事之一：

　　主神所造的，唯有蛇比野地一切的兽更狡猾。蛇对女人说，是啊，神曾说，不许你们吃园中属各样树的吗？

　　女人对蛇说，园中树的果子，我们可以吃，

　　但园当中那棵树的果子，神曾说，你们不要吃属它的，也不要摸它，免得你们死。

　　蛇对女人说，你们不一定死，

　　因为神知道，你们吃的日子眼睛就被打开了，你们便如众神，能知道善和恶。

　　于是女人见那棵树好作食物，它也让眼睛愉快，是一棵让人喜爱，使人有智慧的树，就取了那果子，并吃了，又给了与她一起的丈夫，他也吃了。

　　他们二人的眼睛就打开了，才知道他们是赤身露体的，便拿无花果树的叶子为自己编作围裙。[1]

　　亚当和夏娃吃了苹果后，他们的眼睛确实明亮了。蛇在这一点上说的是实话。一旦他们的眼睛明亮了，他们就会感到羞愧（"知道他们是赤身露体的"）。他们知道善恶，所以蛇在这一点上也说了真话。《创世记》中也有这样一句话："主神说，看啊，那人已经如我们中的一员，能知道善和恶。"当亚当和夏娃被逐出伊甸园时，他们失去了一切。但他们确实获得了《创世纪》中明确指出的重要东西：知识。

蛇是神的使者吗？他是上帝意志的工具吗？上帝希望人类知道吗？标准解读对这三个问题的回答都是否定的。从文本的证据来看，标准的解读是正确的。但这并不是不言而喻的正确。亚当和夏娃的故事的力量在于提出了一个不可避免的问题，这让每一个读者不禁要问：亚当和夏娃吃了苹果后，难道不是变得更自由、更人性化了吗？

本书的主题是对事实的认识，而不是道德。但在某些情况下，那些获得信息的人会被诅咒。在最明显的情况下，信息会引起骚动、恐惧、羞愧，甚至绝望。是否获取信息的决定是一场赌博：你应该翻开那张牌吗？许多赌博都输掉了。在其他情况下，信息是无用的或肯定有害的。如果你事先知道了别人是否认为你会表现出色，或者是否认为你像你想象的那样做好了充分的准备，那么你可能无法表现得出色。（你真的想知道你所有的朋友对你的看法吗？在我自己的调查中，大多数人的回答是否定的。）

我强调了信息的工具价值，它可以延长甚至拯救生命，以及它的享乐价值。生活中的许多消息都是好消息，收到它是一种乐趣或快乐，或是一种巨大的解脱。即使它并不有趣，人们也喜欢得到它。如果他们今天不高兴得到它，他们明天可能会高兴，后天可能会非常高兴。对于信息、对于自己的问题会得到何种回答，人们会有情绪反应。我试图将这种情绪反应的巨大重要性放在聚光灯下。如果我们想知道人们是否以及何时想知道，我们必须关注人们认为他们最终知道后会有什么感受。如果我们想知道人们是否应该想去知道，我们会非常关注这些感受。忽视它们可能是愚钝的，甚至是一种残忍。

当然，关于人们何时想要寻求或避免信息，以及他们在寻求或避免信息方面是否是错误的，还有很多话要说，也有很多东西要学习。但我认为，这些话抓住了故事的要点。无论如何，它们为思考公共政策中一些持续性的问题提供了基础，而这些公共政策可能有助于定义未来几十年的面貌。在无数领域，每当人们面临风险时，披露信息都是推荐的方法。而且，每当行为引发严重的道德问题时，人们往往会坚持：消费者有知情权。

如果本书这里的论点是正确的，那么知情权这种说法通常是无益的；从各方面考虑，真正的问题是，信息是否会让人们生活得更好。要回答这个问题，我们需要关注信息将如何使人们受益，又将如何伤害他们。我们还需要了解一些关于谁正在得到帮助、谁正在受到伤害的分配效应的内容。在某些情况下，信息可以帮助社会底层的人。在某些情况下，信息可以拯救生命。在其他情况下，存在严重的错误推断的风险。例如，目前的证据表明，卡路里标签可能是个好主意，而转基因标签几乎肯定是个坏主意。但与坚持探索强制披露的实际后果相比，这些特定的结论并不那么重要。

从 Facebook 的数据中我们得出了一个有趣的结论：人们会要求一大笔钱来放弃使用一个似乎让他们不那么开心的平台。我们不知道为什么会这样，但可以合理地推测，他们收到的关于朋友、家庭、政治的信息对他们来说很重要，不管这些信息是否让他们感到快乐。这里有一个很大的线索，说明了人类福利概念的复杂性，以及仅仅从幸福的角度来理解它是不够的。约翰·斯图

尔特·密尔对边沁的功利主义思想的反对与此相关。用密尔的话
说，边沁

> 隐约意识到，人类追求任何其他理想的目的都是为了自
> 己，这是人类本性中的一个事实。荣誉感和个人尊严——那
> 种不受他人意见影响，甚至蔑视他人意见的个人优越感和堕
> 落感；对美的热爱，艺术家的激情；爱秩序，爱和谐，爱一
> 切事物的一致性，爱与其目的的相符；对权力的热爱，不是
> 那种限制人类的权力，而是抽象的权力，使我们的意志有效
> 的权力；对行动的热爱，对运动和活动的渴望，这一原则对
> 人类生活的影响绝不亚于它的对立面，即对安逸的热爱……
> 人，这个最复杂的生物，在他的眼中却是一个非常简单的
> 存在。[2]

这些话有助于解释人们可能寻求信息的多种原因，以及用狭隘的
享乐主义术语来描述这些原因的困难。

政府不是一个人，但它确实需要信息——很多信息。对于人
民来说是如此，政府也是如此：问题在于获取信息的后果。有时
收益高，且成本低。政府可以利用信息来改善人们的生活，并确
保项目正常运行。但有时信息获取会涉及大量恶性助推。有一点
是明确的：每年97.8亿小时的文书工作实在太多了。世界各地的
政府（以及私人机构）都应该进行恶性助推审计。

拜厄特的杰作《占有》，可以被看作是伊甸园故事的延伸变
体。它非常注重知识的获取。在这个问题上，它是微妙而矛盾
的，认为知识既是福也是祸。伦道夫·阿什在一个决定性的段落

中，向他的情人和灵魂伴侣克丽丝特布尔·拉莫特写道："无论如何，我们都会感到悲伤和遗憾——而我宁愿为现实而不是虚幻感到遗憾，为知识而不是希望感到遗憾，为行为而不是犹豫感到遗憾，为真实的生活而不仅仅是病态的潜能感到遗憾。"[3]这些话中蕴含着快乐和生命，而不是宿命论或绝望。阿什在为寻求知识做决定性的论证，即使结果是一种堕落。

　　在日常生活中，阿什的论点通常是令人信服的（当然是就关于心灵的问题而言）。但对于政府和监管机构来说，事情要复杂得多。未来几十年将为他们提供前所未有的机会，它们可以要求披露信息，以帮助消费者、雇员、投资者和普通公众过好自己的生活。这通常会是一个很棒的主意。但在某些情况下，少即是多，多即是少。我们所面临的挑战是，如何让信息更有可能使人们的日子和岁月过得更好——让人们更多、更长久地享受"真正的生活"。

注释

　　[1] 参见 King James Bible Online，Gen. 3.1—3.7，https://www. kingjamesbible-online.org/Genesis-3-kjv/。

　　[2] 参见 John Stuart Mill，Utilitarianism（Oskar Priest ed.，1957）。

　　[3] 参见 A. S. Byatt，Possession 212（1990）。

图书在版编目(CIP)数据

信息助推，或适得其反 ：为什么知道的并非越多越好？ /（美）卡斯·R. 桑斯坦著 ；杨帅华译. — 上海 ：格致出版社 ：上海人民出版社，2024.2
ISBN 978－7－5432－3454－3

Ⅰ. ①信…　Ⅱ. ①卡…　②杨…　Ⅲ. ①信息学-研究
Ⅳ. ①G201

中国国家版本馆 CIP 数据核字(2023)第 229057 号

责任编辑　王　萌
装帧设计　仙境设计

信息助推，或适得其反
——为什么知道的并非越多越好？
［美］卡斯·R.桑斯坦 著

杨帅华 译

王文剑 校

出　　版　格致出版社
　　　　　上海人民出版社
　　　　　(201101　上海市闵行区号景路 159 弄 C 座)
发　　行　上海人民出版社发行中心
印　　刷　上海商务联西印刷有限公司
开　　本　635×965　1/16
印　　张　13
插　　页　2
字　　数　141,000
版　　次　2024 年 2 月第 1 版
印　　次　2024 年 2 月第 1 次印刷
ISBN 978－7－5432－3454－3/C·304
定　　价　65.00 元